La lógica y el arte de decidir

ÁNGEL HERNÁNDEZ JIMÉNEZ

La lógica y el arte de decidir

Aprende a tomar las decisiones correctas

ALMUZARA

Primera edición: noviembre de 2020

Almuzara • Colección Economía y Empresa
Director editorial: Antonio Cuesta
Edición de Óscar Córdoba
Corrección y maquetación de Rebeca Rueda
pedidos@almuzaralibros.com - info@almuzaralibros.com

Imprime: Gráficas La Paz
ISBN: 978-84-18346-74-3
Depósito Legal: CO-1098-2020
Hecho e impreso en España - *Made and printed in Spain*

Índice

Agradecimientos 9
Para empezar 11

UN FUTURO PREMIO NOBEL 21
DONDE LAS DAN, LAS TOMAN 27
A CABALLO REGALADO… 31
UN DÓLAR A SUBASTA 41
A POR EL MILLÓN 47
DESTINO ESTOCOLMO 57
LAS MALETAS PERDIDAS 61
A ESCENA LA INCERTIDUMBRE 67
AVALA UN RATÓN 75
DERSÚ UZALÁ, EL CAZADOR 83
PARADOJAS Y JURADOS 87
LA REUNIÓN FAMILIAR 93
LLEGARON LAS VACACIONES 97
EL DILEMA DE FEDERICO 101
¡POR UN JAMÓN, MATO! 107

LAS APARIENCIAS ENGAÑAN 113
YO, ROBOT 117
SOY EL + BRUTO 127
POR CULPA DE LA TELE 137
EL REY DEL PAN 143
EL REGALO SORPRESA 153
SI ES GRATIS, ME APUNTO 157
MANOLO, UN AS DEL DEPORTE 161
LA PRIMERA CITA 167
EL ANIVERSARIO 173
BERNI *ECONOMICUS* 179
EN EL HARD KM ARROW CAFÉ 185

Para terminar 195

Agradecimientos

Las primeras líneas de este libro son de agradecimiento, y las escribo sentado en una terraza de la preciosa galería comercial del siglo XIX conocida como el Pasaje Gutiérrez (Valladolid). Aquí, en el número dos, hace cinco años escribí mi anterior manuscrito. Desde este fantástico lugar, quiero darle las gracias por haber comprado esta obra. Muchas gracias.

Para empezar

De pequeños, en la escuela, aprendimos a clasificar los seres vivos. Inicialmente, nos enseñaban a diferenciar entre el reino animal y el vegetal. Nuestra pertenencia al primero estaba fuera de toda duda, era un conocimiento adquirido de manera natural, sin necesidad de esfuerzo y estudio; nuestras madres se encargaron de ello con su frase favorita: «¡Eres un animal! ¡Deja ya de... (subirte a, pegarte con o darle a)!». Por supuesto, que no tuviéramos hojas ni fuésemos verdes apoyaba esta afirmación.

Una vez aprendida esta primera clasificación, el maestro, copiando nuestra forma de ordenar los cromos de fútbol (primero por equipos, luego por delanteros, defensas...), dividía y dividía cada uno de los reinos, explicando en cada paso dónde quedábamos encuadrados los humanos. En algunas ocasiones, esto nos creaba confusión; así comprendíamos perfectamente nuestra condición de vertebrados por tener huesos, pero las aceitunas también los tenían, a pesar de no formar parte de nuestro reino. En cambio, otras subdivisiones nos creaban sorpresa, ¡pertenecíamos al grupo del burro por ser mamíferos! Sí teníamos clara nuestra afinidad con él, pero erróneamente la imputábamos a las similitudes psicológicas manifestadas en nuestra actitud y comportamiento, tal como nos recordaba el profesor cada mañana.

A medida que el proceso de taxonomía avanzaba, el número de integrantes de cada grupo se reducía, y así nuestra condición de omnívoros nos separaba definitivamente del burro (y no las orejas, como pensábamos), pero no del jabalí o del oso.

Llegados a este punto, y como si fuera una revelación divina, nos era comunicada la clave de la clasificación definitiva, aquella que aislaba al hombre del resto de los seres vivos de manera irrefutable: «El hombre es el único animal racional».

Esta corta y contundente frase zanjaba cualquier discusión generada por nuestras semejanzas con el resto de seres vivos. Así, para René Descartes: «La razón o el juicio es la única cosa que nos hace hombres y nos distingue de los animales».

Pensamiento heredado de la concepción aristotélica del ser humano. Así, para el filósofo griego:

> Es absurdo sostener que un hombre debería estar avergonzado de ser incapaz de defenderse con sus extremidades, pero no de ser incapaz de defenderse con el discurso y la razón, cuando el uso del discurso racional es más distintivo del ser humano que el uso de sus extremidades.

Posiblemente muchos compartimos lo señalado en esta cita, pero no es menos cierto que otras tantas personas, por su forma de actuar, parecen sentirse más identificadas con su opuesta:

> [...] un hombre debería estar avergonzado de ser incapaz de defenderse con sus extremidades y no tanto de ser incapaz de defenderse con el discurso y la razón, cuando el uso del discurso racional es menos instintivo para el ser humano que el uso de sus extremidades.

No es de extrañar que el genio y genial Bertrand Russell afirmara con una buena dosis de ironía: «Se ha dicho que el hombre es un animal racional. Toda mi vida he estado buscando evidencias que puedan sostener esto».

Esta búsqueda puede ser comparable a la llevada a cabo por los alquimistas medievales en su intento de hallar la fórmula que transformara el plomo en oro.

Baltasar Gracián, uno de los grandes escritores no solo del Siglo de Oro, sino de toda la historia de la literatura en lengua española, las encontró..., pero a partir de cierta edad. Así, consideraba que «pensar bien es fruto de la racionalidad. A los veinte años reina la voluntad; a los treinta, el ingenio; a los cuarenta, el juicio».

Quizá por nuestra mayor esperanza de vida con respecto al siglo XVII, deberíamos actualizar esta cita y sustituir los cuarenta por una cifra que acumule alguna década más. Hoy en día, con cuarenta años se hacen irracionalidades propias de los veinte (o menos). Valga como ejemplo la incursión en el mundo del atletismo narrada por su protagonista en un *magazine* de la radio. De buenas a primeras, decidió apuntarse a una carrera popular, pero no de corto recorrido, como pudiera llegar a ser relativamente razonable, sino a una media maratón, ¡casi nada!, una distancia con el mismo número de kilómetros que años llevaba sin hacer deporte. Se compró unas zapatillas para la ocasión (de marca, por supuesto), se puso la camiseta de su equipo de fútbol, y a correr se ha dicho. Cuando llevaba muy pocos kilómetros (bastantes menos que los dedos de una mano), su único pensamiento era encontrar entre el público apostado en las aceras a su mujer y a sus hijos, no para que lo animasen a seguir con su reto, sino para tirarse en sus brazos y coger un autobús de vuelta a casa, pues, mientras corría, empezó a sentir lo que describía como una especie de separación entre sus músculos y el esqueleto, como si funcionasen de manera descoordinada, independientes los unos del otro. Esta sensación le duró más de un año, tras el cual parece ser que ambas partes se reconciliaron.

Posiblemente, esta anécdota provocó la sonrisa entre los oyentes del programa, pero en otras ocasiones seguro que nosotros hemos sido el causante de la sana carcajada en nuestros amigos por haber tomado alguna decisión irracional. Los humanos somos así, una mixtura entre «razón» y «emoción», y aun siendo cierta la evolución en el tiempo observada por Gracián, que nos llegue a gobernar la primera y, por lo tanto, pensemos y actuemos en buena medida racionalmente, no es tan evidente ni frecuente como pudiéramos creer, tal y como confirman las investigaciones en el campo de la neurociencia cada vez con más rotundidad a medida que esta disciplina avanza. De hecho, parece ser que nuestro componente emocional tiene más peso que el racional. Como dijo Jean-Jacques Rousseau: «Si la razón hace al hombre, el sentimiento lo conduce».

Una persona que renuncia a la emoción y solo se guía por la razón probablemente sea insoportable e insufrible para las personas de su entorno; de la misma manera que alguien dominado por sus emociones es un perfecto imbécil. La cuestión es encontrar un equilibrio entre ambas.

Y aunque sea paradójico, tomar decisiones irracionales es necesario y conveniente para tener comportamientos racionales. Así, la misma persona protagonista de la media maratón complementó la historia narrada con otra. A los pocos meses de la carrera, y visto que correr no era lo suyo, se compró una buena bicicleta, de esas que cualquier aficionado al ciclismo se queda mirando. Sus compañeros de trabajo, a la vista de la adquisición, le propusieron acercarse hasta los Pirineos para subir un puerto mítico del Tour de Francia, como el Aubisque o el Tourmalet. A pesar del carácter irónico de la propuesta, la contestación fue rápida y concisa, ingeniosa y racional: «Vosotros lo subís y yo lo bajo».

Respuesta que produjo una carcajada en el locutor y en los colaboradores del programa radiofónico. Ciertamente, la experiencia vivida en la carrera popular hizo su efecto.

Pero la racionalidad no se contagia fácilmente; en cambio, los virus capaces de transmitir la irracionalidad son muchos, y con una capacidad de infección muy elevada. En concreto, hay uno, a fecha de hoy sin vacuna, que debería ser declarado patrimonio de la humanidad por su contribución a la historia de nuestra civilización. Es el transmitido a través de la frase: «A que no hay... para hacer tal cosa».

Frase con poderes mágicos que salta la valla de la razón, ataca directamente a la emoción y suele ser el comienzo de algo cuyo final es totalmente incierto, aunque generalmente desastroso. No se sabe muy bien el porqué, pero es fácil sucumbir ante su embrujo.

Sin llegar a este extremo, y en el caso de nuestros hábitos de consumo, se estiman en un 85 % las decisiones de compra tomadas de forma inconsciente, entre otras razones, por falta de tiempo para analizarlas racionalmente, lo cual facilita dejarnos llevar por las experiencias previas o la emoción del momento; como sostenía el matemático y filósofo Blaise Pascal en el siglo XVII: «La razón obra con lentitud, y con tantas miras, sobre tantos principios, que a cada momento se adormece o extravía. La pasión obra en un instante».

Esta pasión y esta irracionalidad características del ser humano son conocidas por los publicistas y buenos vendedores y, cómo no, aprovechadas. ¿Para qué quiere un todoterreno una persona que trabaja de traje, calza zapatos, habita en la ciudad y no posee una finca en el campo? Desde el punto de vista racional, para nada, pero, desde una perspectiva emocional, para mucho. Cada vez que sube al todoterreno, de manera inconsciente ve aliviadas necesidades tan básicas en los humanos como la de explorar o la de sentirse libre. Observe un anuncio en televisión de este tipo de vehículos y verá contrastado el comentario, y, en general, a poco que se preste el objeto a publicitar, nos lo presentarán asociado con algún tipo de emoción que pueda llamar la atención de nuestra parte irracional. Eso sí, que nuestras decisiones no sean tan racionales como cabría pensar no implica que no puedan ser justificadas de manera coherente. Así, si preguntamos al propietario de un cuatro por cuatro los motivos de su compra, aludirá a lo espacioso de su interior, comodidad de conducción, gran visibilidad de la carretera o cualquier otro argumento claramente racional y útil para justificar su decisión emocional, y no lo hace con la intención de mentirnos, pues realmente dice cosas que piensa, sencillamente trata de satisfacer a la parte racional de su mente, necesitada de dar sentido a su adquisición. Personalmente, no tengo un todoterreno, pero, a pesar de lo escrito, si pudiera, lo tendría.

El consumismo es una oda a la irracionalidad humana, y caer en las trampas mentales que ponen los publicistas es lo más fácil del mundo; aun sabiendo dónde están colocadas, nos atrapan una y otra vez, no podemos evitarlo.

Pero no solo en nuestras decisiones de compra mostramos signos reveladores de nuestra irracionalidad, cualquier otro ámbito nos puede valer. El motivo de ello es muy simple: no tenemos ningún reparo a la hora de valorar la emoción por encima de la razón y, por lo tanto, pagar más por una que por la otra. Por eso cobra 100 millones de dólares un boxeador por una pelea, pero no un virólogo, y aunque la razón nos diga el agravio comparativo que se comete, se va a seguir cometiendo. Es más, paradójicamente incluso el propio virólogo puede fomentar este aparente tipo de injusticias con tan solo ser uno de los millones de telespectadores que compran el combate para verlo en su casa.

Encontrar más ejemplos de valoraciones (precios) donde la irracionalidad humana salta como liebre de su cama es muy fácil, el ámbito del arte es otro de ellos, y como usted ya intuye por dónde voy, aquí lo dejo para no caer en tópicos. Que el arte y el deporte no es lo nuestro, no pasa nada, a lo mejor somos apasionados de la gastronomía o estamos abducidos por la cultura del vino, aguas donde podemos tirar la caña y, sin tener que esperar mucho, pescaremos suficientes irracionalidades como para llenar canastos.

Pero también encontramos comportamientos que son un canto a lo contrario, y ahí tenemos el caso de un auténtico genio de las matemáticas, como es el ruso G. Perelman. En el año 2006, no aceptó la Medalla Fields, un premio de máximo prestigio dentro del campo de las matemáticas que le otorgaron por demostrar la conjetura de Poincaré, denominada así en honor a su autor y enunciada hace más de un siglo. Para Perelman, dicho premio era irrelevante, no necesitaba el reconocimiento público de su logro. En principio hay más gente que declina premios honoríficos por unos u otros motivos, pero en este caso hay más. Demostrar dicha conjetura es (era, en este caso) uno de los siete problemas matemáticos sin resolver (los problemas del milenio) que el Instituto Clay premia con un millón de dólares a quien sea capaz de solucionar cualquiera de ellos. Pues bien, también rechazó dicho galardón. Según declaró años más tarde, no estaba interesado ni en el dinero ni en la fama, y si con su demostración había aprendido a controlar el universo (metáfora relacionada con el contenido de la conjetura), entonces ¿por qué tendría que correr tras un millón de dólares? Probablemente, cualquiera de nosotros hubiéramos corrido tras él sin pensarlo, y quizá califiquemos su actitud de excéntrica y poco racional, pero no, Perelman fue extremadamente coherente, pues, al igual que rechazó la Medalla Fields, también hizo lo propio con el millón.

Esta historia nos puede inducir a pensar que los comportamientos poco coherentes son menos frecuentes en las personas cuya capacidad para razonar está fuera de toda discusión, pero ¿realmente es así? Pues no, y podemos poner de ejemplo el caso de Isaac Newton, uno de los mejores matemáticos y físicos que ha dado la ciencia, una mente ejemplo de rigor y racionalidad. Pues bien, años después de su fallecimiento, fue descubierto un baúl suyo que contenía los resultados de treinta años dedicados a la investigación dentro del campo de la cábala; parece ser que buscaba códigos secretos en los textos bíblicos, actividad que consumía gran parte de su tiempo. Pero no es menos curioso en manos de quién acabaron dichos documentos tras pagar por ellos una relevante cantidad de dinero en una subasta: en las de J. Maynard Keynes, quizá el más influyente economista de todos los tiempos.

Por lo expuesto, parece que el ser humano en la toma de decisiones está condenado al «infierno de la irracionalidad». Pero ¿podemos escapar de él o, al menos, aliviar el calor de sus llamas? ¿Serán los razonamientos deductivos, inductivos y probabilísticos, que tan buenos resultados dan en la ciencia, el bálsamo que cure sus quemaduras, o quizá estas formas de razonar pueden avivar el fuego? ¿Nos aproximamos al comportamiento del *homo economicus*, ese prototipo de conducta según el cual tomamos nuestras decisiones económicas de manera racional, o, por el contrario, nos alejamos de él como gato del agua? Y si la racionalidad del hombre, considerado de forma individual, se puede poner en duda, la de un grupo ¿será aún más dudosa? ¿Podemos esperar de un conjunto de seres racionales que sus decisiones conjuntas también lo sean?

Y no debemos obviar la importancia de conocer y comprender las correspondientes respuestas para cualquiera de nosotros, sea cual sea nuestra profesión, nuestra formación, nuestra ideología, nuestros gustos..., por una sencilla razón: somos humanos y, como tales, nuestra principal ocupación es tomar decisiones. Es la actividad que más tiempo nos consume; a lo largo de todo el día, las tomamos continuamente: unas, de manera consciente; otras, de forma inconsciente; algunas, meditadas; otras, impulsivas; unas serán relevantes; otras, completamente intrascendentes..., pero, en cualquier caso, todas ellas son necesarias para el desarrollo de nuestra vida diaria.

Este libro trata de dar una respuesta comprensiva a dichos interrogantes, abordando el problema de manera amena e informal, pero con rigor, poniendo a «la razón» contra las cuerdas y viendo si es capaz de salir de ellas.

UN FUTURO PREMIO NOBEL

Hay personas que desde su tierna infancia ya van dejando un claro rastro de cuáles son los adjetivos que van a definir su carácter y futura personalidad. Este era el caso de Federico, que no sabía quién era Maradona ni la alineación del Madrid, pero sí Harry Markowitz y James Tobin, pues, a diferencia de sus compañeros del colegio, nunca quiso ser un gran futbolista, sino un economista que algún día ganara el premio en memoria de Alfred Nobel.

Acababa de empezar a estudiar la carrera, requisito necesario para llegar a cumplir su sueño, y disfrutaba como un niño deambulando sin rumbo por el campus universitario. Según caminaba, observó en el suelo un billete de 50 dólares. Como cualquiera haría, se agachó a recogerlo, pero, cuando estaba tocando con la punta de los dedos una de sus esquinas, se topó con los de otra persona. Eran evidentes dos cosas: una, que se trataba de un estudiante de los últimos cursos, y otra, que el billete no era suyo, pues sus primeras palabras fueron:

—Novato, yo lo he visto primero.

Ninguno de los dos soltaba el billete, y cada uno lo reclamaba para sí.

La escena fue presenciada por un profesor del campus, que, con ánimo de apaciguar la situación, se acercó a ellos y, haciendo uso de su autoridad, tomó el dinero, lo entregó a Federico y dijo:

—Te doy el billete con una condición: que lo repartas con el otro estudiante. Puedes hacerlo como te dé la gana, te puedes quedar con 49 dólares y darle solo 1 dólar, o bien con 30 dólares y entregarle los 20 restantes, cualquier combinación es válida.

En contrapartida, el veterano estudiante podía aceptar la oferta de reparto de Federico o rechazarla. Si la admitía, cada uno se llevaría lo establecido en ella, pero, en caso de rehusarla, ninguno de los dos se llevaría nada; el dinero se entregaría en objetos perdidos.

A estas normas, el profesor añadió:

—¡Ah! Y ni podéis negociar entre vosotros ni hay segundas oportunidades: una propuesta, una respuesta y punto final.

La mente de Federico se puso rápidamente en funcionamiento y vio como una señal de los dioses protagonizar aquella situación. Le vino a la cabeza lo aprendido sobre el modelo de comportamiento *homo economicus,* piedra angular de la economía neoclásica, tal y como habían explicado en clase. Ello le permitiría diseñar una propuesta de reparto irrechazable. *Grosso modo,* según este arquetipo de conducta, los individuos somos seres racionales cuando tomamos decisiones económicas; por tanto, conocemos todas las alternativas disponibles, sabemos evaluarlas y ordenarlas para, finalmente, elegir la óptima entre ellas, buscando siempre maximizar nuestra riqueza, nuestro propio bienestar material, sin tener en cuenta que ello perjudique o beneficie al resto de nuestros congéneres.

Federico catalogó al veterano estudiante de auténtico y genuino *homo economicus*, pues, dada la fuerza con la que tiraba del billete, era evidente que intentaba maximizar su riqueza, y, por otro lado, tantos años en la carrera lo tenían que haber convertido en ese ser racional capaz de hacer todas esas cosas para tomar una decisión.

Cruzó este análisis con otro resultado básico aprendido y grabado en su memoria a modo de tatuaje: el concepto de «eficiencia de Pareto», según el cual, si queremos comprar un teléfono móvil en base al binomio «precio-memoria» (mejor cuanto menos del primero y más de la segunda) y tenemos dos modelos para ello, uno de 2 GB que cuesta 100 dólares, frente a otro de 4 GB, también en ese mismo precio, compraremos este segundo: es eficiente respecto al primero, lo mejora en una característica sin estar peor en la otra. Es decir, a la hora de decidir, se trata de aplicar el *claim* «Yo no soy tonto», utilizado en su día por una gran cadena de la distribución, a modo de invitación a la compra y elección eficientes.

Basándose en estas premisas, decidió que su propuesta de reparto sería de 49 dólares para él y de 1 dólar para el veterano estudiante (49,1).

Y ¿por qué esta oferta? Las opciones del veterano eran dos: aceptar o rechazar la oferta. Para Federico, cada una de estas alternativas se podía describir con los mismos tres parámetros:

1. La inversión que se ha de realizar.
2. El riesgo asumido por dicha inversión.
3. La rentabilidad asociada.

Así encontramos que ambas tienen una inversión nula y un riesgo nulo, siendo también nula la rentabilidad obtenida del «rechazo», mientras que la de «aceptar» será una cantidad (X), que no es otra que la establecida por Federico en su oferta.

	Inversión $	**Riesgo**	**Rentabilidad$**
Rechazar	0	0	0
Aceptar	0	0	X (>0)

En esta disyuntiva, cualquier *homo economicus* aceptaría una oferta donde X fuese cualquier cantidad mayor de cero, pues, a igualdad de inversión y riesgo asumido que rechazando la oferta, la rentabilidad era mayor. Como le habían enseñado, en términos de eficiencia, la opción «rechazo» era ineficiente respecto de la «aceptación», está dominada por esta.

Siendo esto así, entre todos los valores que Federico podía asignar a X (desde 1 hasta 49), optó por el mínimo, no había motivos para que fuera superior a 1 dólar, pues cualquier otro reparto no mejoraba la situación del otro jugador sin perjudicar la suya.

En resumidas cuentas, y según lo expuesto, ¿qué clase de *homo economicus* en su sano juicio renunciaría a ver aumentada su riqueza en 1 dólar sin tener que invertir nada y sin arriesgar nada para ello? En principio, solo los faltos de racionalidad prefieren 0 dólares a 1, siendo las circunstancias para obtener una u otra cantidad las mismas.

Es más, Federico consideraba contranatura rechazar su oferta; así, para un lobo que no sale a cazar con su manada, cualquier cosa que luego le dejen comer será bien recibida, pues ni ha invertido esfuerzo para conseguirla ni ha arriesgado su integridad física por ello. Y si un animal, a pesar de su irracionalidad, comprende y acepta este reparto, un ser racional, con más motivo aún.

El joven estaba orgulloso de sus razonamientos, incluso este último pudiera ser el comienzo de una nueva corriente de pensamiento: la «zooeconomía». Y si con tan solo unas semanas de clase ya era capaz de razonar así, qué no haría cuando hubiera acabado la carrera. En su interior, estaba convencido de haber dado el primer paso para llegar a ser Nobel en Ciencias Económicas, su ansiada meta.

Para sorpresa de Federico, sus vaticinios no encontraron acomodo en los hechos, y su propuesta de reparto (49,1) fue tajantemente rechazada por el veterano estudiante. Es más, parecía haberle encendido el interruptor de la indignación, ese que nos hace rechazar conductas egoístas, humillantes e injustas, y te activa en el cerebro las zonas responsables de emociones negativas, que, traducidas en palabras, te hacen calificar a un individuo con adjetivos que rememoran la figura de algún familiar suyo, pero que el freno de la razón trata de dulcificar con otros que caractericen su personalidad, y así le dijo:

—¿Me has tomado por tonto? ¿Que tú te quedas con 49 dólares y yo solo con 1? De qué vas, menudo egoísta estás hecho, por no decirte otra cosa. Tu avaricia ha roto el saco, y me alegra poder castigarla.

Evidentemente, esta respuesta se alejaba del comportamiento preconizado por el modelo *homo economicus*, también denominado por el nobel A. K. Sen como «loco racional», distanciamiento que Federico imputó a la mala suerte por haber topado con un pésimo estudiante, desconocedor de los fundamentos teóricos económicos y de los principios básicos del razonamiento lógico.

Por supuesto, él no se consideraba responsable de dicha ignorancia, y en su pensamiento este suceso solo había sido una pequeña anécdota en su camino como futuro gran economista.

De momento, no sabemos si llegará a recibir el reconocimiento intelectual que busca, pero alguien que sí lo ha recibido, como el ya citado Blaise Pascal, decía: «Muy débil es la razón si no llega a comprender que hay muchas cosas que la sobrepasan».

DONDE LAS DAN, LAS TOMAN

A Federico esos 49 dólares le hubieran arreglado el presupuesto mensual. Se pasaba el día aprendiendo cosas sobre el dinero, pero como este no hacía acto de presencia en su cartera, decidió aliviar la situación buscando un pequeño trabajo.

Encontró una oferta en principio perfecta: repartidor a domicilio para un restaurante de comida típica india. Todo ilusionado fue a la entrevista de trabajo y todo desilusionado salió de ella. Tenía que llevar la comida en bicicleta al destino. Esto no era un problema, estaba acostumbrado a realizar deporte; de hecho, los sábados por la mañana solía salir en bici con la peña ciclista del barrio, y los recorridos no bajaban de las tres horas. Las aspiraciones laborales no eran muy altas; lo más, ser nombrado empleado del mes, aunque esto a él realmente no le importaba, su meta era el Nobel. En cuanto al horario, era muy cómodo, solo trabajaría los sábados tres horas, en el turno de comidas o en el de cenas. Pero faltaba un pequeño detalle: el salario.

Evidentemente, no esperaba gran cosa. Por el tiempo trabajado y la cualificación exigida, era claro que rico no le haría, pero, si al menos atenuaba los efectos de su permanente crisis financiera, sería suficiente.

La persona con quien mantuvo la entrevista, a sazón propietario de la empresa, casualmente era el profesor que medió en la partición del billete encontrado en el campus. Desarrollaba sus investigaciones en el ámbito de la economía experimental y aprovechaba cualquier ocasión para ello. Le dijo a Federico:

—Mira, el salario es de 50 dólares por sábado trabajado, pero este salario lo tienes que repartir con la persona que cubre el otro turno.

La forma de reparto será la misma que ya te expliqué cuando el incidente del campus, pero tú no harás la propuesta, ahora decidirás si la aceptas o no. En caso de rechazarla, los dos os quedaréis sin el trabajo. Te voy a presentar al otro aspirante, quien, por cierto, ya está al corriente de todo, y tomáis la decisión.

El profesor se levantó de la silla, se dirigió a la puerta que daba a una especie de sala de espera y reclamó la presencia del otro aspirante:

—Lucas, pasa.

Federico se quedó sorprendido, pues se trataba del veterano estudiante con quien mantuvo la disputa por el billete. Ahí estaban los dos otra vez, dispuestos a repartirse 50 dólares, pero con los roles cambiados.

Lucas tenía en el rostro una sonrisa malévola y dijo:

—Buenos días, ¿te acuerdas de mí? No he podido evitar oír que los sábados por la mañana sales en bici unas tres horas, pero, como no eres profesional, no cobras por ello. En este trabajo, también el fin de semana vas a hacer ciclismo, más o menos durante ese mismo tiempo y corriendo el mismo riesgo, pero cobrando dinero contante y sonante por ello. De esta manera, cualquier cantidad de dinero que te ofrezca es superior a lo que dejas de ganar por ir con tu peña ciclista, y como además yo quiero maximizar mi riqueza, te propongo un reparto de 49 dólares para mí y 1 dólar para ti. Supongo que aceptarás, porque te acabo de replicar el razonamiento de *homo economicus* que en su día hiciste y del que parecías sentirte orgulloso y convencido. Aunque veo que se te ha puesto mala cara. Estás bien, ¿no?

	Inversión	**Riesgo**	**Rentabilidad**
Rechazar	3 horas del sábado.	El derivado de ir en bici.	0 $
Aceptar	3 horas del sábado.	El derivado de ir en bici.	1 $

Y claro que estaba bien..., pero que bien indignado y herido en su orgullo. Se tomó la propuesta como una ofensa y la rechazó.

La actitud de Federico fue un exponente más de un hecho: la incoherencia nos domina, pues valoró el mismo razonamiento de diferente forma, en función de su rol en el juego, y así, por un lado, expresamos nuestros valores a través de frases como «No quieras para los demás lo que no quieres para ti», y, por otro, no hacemos ascos a su complementario «Quiere para los demás lo que no quieras para ti», sentencia muy bien reflejada en un anuncio de televisión del conocido fabricante de automóviles francés Renault (modelo Laguna, año 2006). Mientras sonaba música clásica, se iba mostrando la vida diaria de una persona vestida con un traje de corte clásico, educada en las formas y con cierto aire distinguido: desayuno en su mansión asistido por doncella y mayordomo, partido de tenis, sesión de masaje, comida en un lujoso restaurante, visita a un balneario…, cuando de repente, al ritmo de música *punk*, se ve como entra en un camerino acompañado de su secretaria, donde es recibido como si fuera uno de los componentes de los Sex Pistols. Allí rápidamente lo transforman en un cantante prototipo de este género (cara pintada, pelo encrestado, botas militares…) para seguidamente saltar al escenario vociferando ante sus miles de *fans*: «Maldita burguesía, maldita sociedad, odio el dinero, odio el bienestar».

Lo mismo que pensamos todos.

A CABALLO REGALADO…

Por su parte, a Lucas, la sensación que le produjo habérsela devuelto a Federico con su misma moneda no tenía precio, o al menos el que tenía estaba dispuesto a pagarlo. Evidentemente, se quedó sin el puesto de trabajo. No le importó, estaba a punto de acabar la carrera y su camino iba por otro lado; de hecho, le afectó tan poco que, acto seguido, se acercó a un cajero automático con la intención de retirar 50 dólares para la entrada del próximo concierto del grupo revelación Society of lies. Se podía haber ahorrado este paseo si hace un par de días no hubiera tenido un pequeño descuido: al ir a pagar en un puesto ambulante de comida rápida, se le cayó de la cartera un billete de cincuenta para desgracia suya y alegría de quien lo encontrara. Pero, como dijo a sus amigos:

—Si me dan a elegir entre haber perdido el dinero o perder la entrada, prefiero perder lo primero. De haber perdido lo segundo, me hubiera quedado sin acudir al concierto. No estoy dispuesto a pagar dos veces por lo mismo.

Quizá parezca una postura poco racional, pues tanto las entradas como el billete valen lo mismo, pero es una actitud muy real y emocional; de hecho, quizá nosotros también reaccionaríamos de la misma manera ante esa disyuntiva.

Pero, sea como fuere, finalmente llegó al cajero, metió la tarjeta, tecleó su número secreto y, como si fuera el genio de la lámpara de Aladino, apareció un mensaje en la pantalla:

—Hola, Sr. Lucas. Como usuario de tarjeta BISA, la empresa texana le ha seleccionado para participar en un juego experimental. Usted y este cajero automático se van a repartir 50 dólares. ¿Qué le parece? Si quiere conocer las reglas del juego, pulse la tecla amarilla. Anímese y juegue. Gracias por utilizar nuestra tarjeta.

Tras leer el texto, pulsó la tecla, y, para sorpresa suya, las normas eran idénticas a las establecidas por el profesor en el asunto del reparto con Federico. Confirmó la opción de continuar en el teclado del cajero y le apareció un nuevo mensaje:

—Recuerde, la cantidad a repartir es de 50 dólares. Yo seré quien proponga, y usted, quien responda. Cuando toque la pantalla, aparecerá mi propuesta. Si la acepta, pulse la tecla verde, y si la rechaza, la roja. Dispone de 15 segundos para tomar la decisión.

Lucas tocó la pantalla y apareció la oferta:

—1 dólar para usted, Sr. Lucas, y 49 dólares se quedan en el cajero.

No habían transcurrido ni tres segundos cuando pulsó la tecla verde. Se dijo para sí:

—¡A nadie le amarga un dulce!

Curiosa y paradójica decisión, pues Federico le ofreció ese mismo dulce en el campus y no solo le amargó, sino que también provocó en su interior ardor de estómago. En cambio, ahora Lucas se ha comportado siguiendo el patrón *homo economicus*: entre 1 dólar y 0, cogió el dólar, como si fuera una decisión evidente.

¿Y por qué ahora sí y antes no? A una máquina no le exigimos una forma de actuar de acuerdo con los valores morales de equidad o justicia, tal y como implícitamente se le reclama a un humano, y, por tanto, nos es indiferente que no actúe en base a ellos, sencillamente no damos peso a este hecho. Por consiguiente, la decisión tomada cuando jugó contra el cajero era exclusivamente racional, estaba aislada de cualquier influencia emocional.

Pero no por ello las máquinas son capaces de atar nuestro lado emocional y contener nuestras reacciones irracionales, no hay valla que estas no salten, y, a poco que nos provoquen, estamos predispuestos a brincar. Así, cuando sacamos un refresco de una máquina, no le damos ni los buenos días ni las gracias por la bebida, no es humana y, por tanto, no recibe un trato como tal, pero paradójicamente, si se equivoca con el cambio, le atribuimos cualidades humanas, provocando en nosotros reacciones propias de dicha condición. Pensamos que nos está robando, e instantáneamente es sometida a un juicio sumarísimo, cuya condenada y pena impuesta cumple de inmediato: un golpe asestado en algunas de sus partes, cuyo efecto racional es nulo (sigue sin devolvernos el cambio), pero alivia nuestra parte emocional.

Al igual que ocurre con las películas, la historia acaecida en el campus entre Federico y Lucas, así como la de este con el cajero, están basadas en hechos reales. La forma de reparto que podemos sintetizar en la frase «Tú partes y yo decido si te llevas tu parte» es el fundamento de un juego denominado como «Ultimátum Game», creado dentro del campo de la economía experimental. Fue puesto en práctica por primera vez por W. Güth, R. Schmittberger y B. Schwarze; en 1982, publicados sus resultados en el *Journal of Economic Behavior and Organization* (vol. 3, n.º 4; pp. 367-388) bajo el título «An Experimental Analysis of Ultimatum Bargaining», y, posteriormente, replicado con bastante frecuencia, dado el interés que despierta. En concreto, el juego del «Ultimátum» permite contrastar si realmente somos o, mejor dicho, nos comportamos como *homo economicus*, y a la luz de los resultados parece ser que este modelo no refleja adecuadamente la conducta humana.

En cifras, las propuestas de reparto más frecuentes en el juego son del 50 %-50 % (la mitad para cada uno), aunque la media es del 60 %-40 %. Una buena parte de las ofertas bajas (las que parecen reflejar avaricia) eran rechazadas…, si habían sido propuestas por un humano. Pero, curiosamente, como somos muy particulares y contradictorios, cuando se sustituía al jugador de carne y hueso que proponía dichas ofertas por una máquina, la mayoría de las personas se comportaban como Lucas y aplicaban el refrán «A caballo regalado no le mires el diente».

Casi seguro que, a medida que han ido transcurriendo las tres historias narradas, nuestra mente no ha podido evitar decidir en cada caso si hubiera aceptado o no la propuesta de reparto de los 50 dólares que realizó bien Federico en el parque del campus, bien Lucas en la entrevista de trabajo, o bien en el cajero automático. Tenemos ocho maneras diferentes de componer las tres respuestas a dichas ofertas, como queda reflejado en la siguiente tabla.

	Propuestas		
	De Federico (campus)	**De Lucas (salario)**	**Del cajero automático**
1.ª	Rechazo	Rechazo	Rechazo
2.ª	Rechazo	Rechazo	Aceptación
3.ª	Rechazo	Aceptación	Rechazo
4.ª	Rechazo	Aceptación	Aceptación
5.ª	Aceptación	Rechazo	Rechazo
6.ª	Aceptación	Rechazo	Aceptación
7.ª	Aceptación	Aceptación	Rechazo
8.ª	Aceptación	Aceptación	Aceptación

La 8.ª composición (se acepta cualquiera de las tres propuestas) refleja un comportamiento estrictamente racional, donde el componente emocional es completamente irrelevante a la hora de tomar la decisión, por ello se aceptan las ofertas de Federico y el cajero, sencillamente porque sería poco racional rechazar cualquier cantidad de dinero que nos ofrezcan cuando, para conseguirla, no hace falta ni arriesgar y ni invertir nada. De la misma manera, se aceptaría la oferta salarial de Lucas porque ofrece una cantidad de dinero superior a su coste de oportunidad. Cualquier persona cuyas respuestas hayan sido estas, atisba los rasgos de un *homo economicus*, aunque realmente parece tener un interior de silicio, como el de los microchips.

Por otro lado, rechazar todas las ofertas de reparto (1.ª composición) expresa una manera de actuar donde la emotividad hace acto de presencia. En principio, por un cierto sentido de justicia o equidad, rechazamos todas las propuestas (que el otro se quede con 49 dólares y nosotros solo con 1 dólar refleja una actitud moral no admisible que estamos dispuestos a penalizar). Pero además, también refleja coherencia, pues mantenemos nuestra postura independientemente del contexto, siendo irrelevante para nuestra decisión que sea una máquina o una persona el otro jugador.

Cualquier otra composición (de la 2.ª a la 7.ª) también se corresponde con una mixtura entre racionalidad y emotividad a la hora de tomar una decisión, pero con una gran diferencia: están aplicadas de forma incoherente. En concreto, fijémonos en la 3.ª manera, según la cual se rechaza la oferta de Federico en el campus, se acepta —como Lucas— la oferta del cajero y se declina la oferta salarial. ¿Qué pensaríamos de alguien cuyas respuestas se corresponden con esta composición? Nada malo, sencillamente demuestra su indudable condición de ser humano con buena salud mental. Es la manera de combinar respuestas más frecuente entre nosotros, aunque no sea coherente.

El juego de «Ultimátum Game» es una gran herramienta para destapar nuestras incoherencias (cuyo listado parece no tener fin), y medir la solidez de nuestros principios; así, Lucas rechazó la propuesta de reparto del billete encontrado en el campus de 49 a 1, haciendo gala de un cierto sentido de la justicia y la equidad, tomando esa decisión con el fin de infligir un castigo por avaricia a Federico, comportamiento con el cual posiblemente estemos de acuerdo, al menos eso demuestran los datos reales del experimento. Pero ¿hasta dónde estamos dispuestos a ser un abanderado de esos valores morales? ¿Realmente es una defensa robusta o, a poco que varíen las normas del juego, entregamos la bandera?

Para dar una respuesta, imaginemos una modificación en sus reglas, por ejemplo, cambiando el número de jugadores; en concreto, de los que tienen derecho a rechazar (o aceptar) la oferta: podrían ser tantos como se quisiera.

Este cambio, aplicado a la primera historia (la del campus), partiría de una situación en la que añadimos más personas que también se agacharon a por el billete de 50 dólares, junto con sus dos conocidos protagonistas, y Federico tendría el derecho de hacer su propuesta de 49 dólares a 1 no solo a Lucas en primer lugar, sino también jugador por jugador al resto de ellos; de tal manera que, si era rechazada por uno, se la propondría al siguiente, y si este la rechazaba, al siguiente…, y así sucesivamente.

En este nuevo contexto de múltiples respondedores, ¿seguiría Lucas (o cualquier otro jugador) rechazando la propuesta calificada como «avara»? O, por el contrario, es muy probable que alguno pensara: «Para que se lo lleve otro, me lo llevo yo». Razonamiento muy humano, por cierto, aunque no necesariamente correlacionado con el sentido de justicia.

También podemos imaginar otra modificación de las normas iniciales, como puede ser introducir el puro azar dentro del juego. Así, y en caso de ser aceptada la propuesta, se lanzaría una moneda al aire. Si sale cara, la propuesta se queda como está —en este caso, 49 a 1 a favor de Federico—, pero, si sale cruz, habría un intercambio de papeles.

	Ganancia	
	Federico	Lucas
Lucas rechaza la propuesta.	0	0
Acepta, se lanza la moneda y sale cara (50 % de probabilidad).	49	1
Acepta, se lanza la moneda y sale cruz (50 % de probabilidad).	1	49

Entonces, ¿seguiría rechazando Lucas la oferta (49,1) cuando es posible que, en vez de 1 dólar, se quede con 49 si la suerte le sonríe? Si cambia su decisión, viene a ser como decir: «Adiós al castigo por avaricia y bienvenido a la justicia traída por el azar».

Pensamos en lo desigual, injusto y rechazable que es un reparto de 49 a 1, cuando es seguro que nosotros recibiremos el 1, pero, cuando es posible recibir 49, ya deja de serlo. Olvidamos nuestro altruismo y nuestro sentido de la equidad; en realidad, queremos para los demás lo que no queremos para nosotros (recuerde el anuncio de Renault).

Y puestos a imaginar, supongamos una cantidad a repartir entre Federico y Lucas de un millón de dólares. Nunca se ha puesto en práctica el juego con una cantidad tan desorbitada, pero se pueden hacer ciertas conjeturas al respecto, en principio, no exentas de racionalidad. Ante un reparto de 50 dólares en términos de 49 a 1, el coste de oportunidad para Lucas por rechazar la oferta era bajo, 1 dólar, que casi no da ni para tomarse un café. Pero, en un premio de un millón de dólares, una oferta de reparto similar en términos relativos, un 98 % (49/50) contra un 2 % (1/50), llevaría asociado un coste de oportunidad de 20.000 dólares (2 % de un millón), con los cuales no solo se puede tomar un café, sino también empezar a montar una cafetería, y, por tanto, una oferta que sigue siendo muy desigual, en términos relativos, ahora tiene más probabilidades de ser aceptada.

Dinero a repartir	Federico (98 %)	Lucas (2 %)
50 $	49 $	1 $
1.000.000 $	980.000 $	20.000 $

Quizá por ello no nos importen las injusticias y la desigualdad, en tanto en cuanto nosotros tengamos lo suficiente para llevar una vida que valga la pena vivir.

En definitiva, y parafraseando a Blaise Pascal cuando hablaba de la razón, podríamos decir en el caso de la justicia: «Muy débil es la justicia si no llega a comprender que hay muchas cosas que la sobrepasan».

UN DÓLAR A SUBASTA

Como ya sabemos, Lucas estaba terminando sus estudios. Él y sus compañeros de promoción intentaban reunir fondos para financiar un viaje «fin de carrera». No sabían si vender boletos para el sorteo de un iPhone o participaciones de lotería. Pero estos métodos son tan utilizados que, si alguien no tiene uno en su cartera, debe dudar seriamente de estar vivo, igual que si, pasados los cuarenta, no te duele nada al levantarte. Por ello se les ocurrió hacer algo diferente, y decidieron que cada uno de los integrantes del viaje organizara una subasta informal, donde y con quien considerase oportuno, daba igual que fuera en el bar con los amigos o a través de las redes sociales con sus seguidores. El objeto a subastar sería algo tan sencillo y barato como un billete de dólar de curso legal, de los utilizados a diario. Como en cualquier otra subasta, el postor que pujara más alto se llevaría el dólar..., pero con una pequeña particularidad añadida: no solo pagaría su puja el ganador, sino también el segundo postor, es decir, quien hizo la segunda mejor puja. Así, si las dos pujas más altas son de 30 centavos y 50 centavos, ambos postores pagan al subastador estas cantidades, pero solo quien hizo la oferta más elevada se lleva el dólar, mientras el otro no se llevará nada. En principio, todos estuvieron de acuerdo con la propuesta; total, solo tenían que invertir 1 dólar y un poco de su tiempo.

Lucas hizo su subasta en la cafetería de la facultad, el ambiente era propicio para ello.

Casualmente, antes de empezar, pasaba por allí Federico, y Lucas lo arengó a que participara:

—¿Qué pasa, novato? ¿Te deja jugar mamá?

Federico ni se inmutó, simplemente se acercó a él y le dijo:

—Sí, pero a lo mejor a ti no debería. En esta subasta van a poder pasar dos cosas: o bien, nada más abrir la subasta, alguien hace una puja de 99 centavos, con lo cual nadie más va a subir la puja, pues carece de sentido ofrecer 1 dólar o más para quedarse con 1 dólar; o bien los subasteros se pondrán de acuerdo y solo puja uno por valor de 1 centavo, llevándose el dólar que luego todos se reparten. Ya lo verás, vas a perder el tiempo y el dinero.

A Lucas este razonamiento le dio que pensar, pues no estaba exento de coherencia, ¡solo faltaba que tuviera razón!

Comenzó la subasta, con bastante gente dispuesta a participar. Un estudiante rompió el hielo pujando el mínimo que establecieron, 5 centavos; a continuación, otro subió la puja a 10. Rápidamente, hubo una oferta de 15 centavos, contestada por otra de 20..., pero, conforme iban subiendo las pujas, el número de personas dispuestas a pujar era menor. Claramente, las normas de la subasta hicieron su efecto, y que la segunda puja más alta pagara a cambio de nada echó para atrás a muchos subasteros; de hecho, a partir de los 60 centavos, la subasta fue cosa de dos. Estos empezaron una escalada de ofertas: uno pujó 65 centavos, y el otro subió su oferta a 70, inmediatamente el primero subió a 75, pues de esta manera, si ganaba la subasta, se llevaba el dólar, quedándole una ganancia de 25 centavos, mientras que, si se retiraba de la misma, tenía que pagar su anterior puja de 65.

Pero quien pujó 70 hizo el mismo razonamiento y subió su puja a 80, que a su vez fue contestada con una nueva puja de 85, que a su vez fue contestada con otra de 90... De este modo, el segundo postor siempre encontraba una justificación e incentivo para subir su puja, y más cuando las pujas estaban por encima del dólar, pues ya sería imposible la entrada de un nuevo postor que lo relegara a la tercera posición. Evidentemente, las pujas por encima del dólar generaban una pérdida para los dos postores que venían picados desde los 65 centavos, pero era una manera de perder menos que si abandonaban la puja. Así, si uno pujaba por 1,2 dólares y el otro replicaba con una de 1,25, entonces el primero subía su apuesta a 1,3; de esta manera, si el otro se rajaba, ganaría el dólar y, por tanto, perdería 30 centavos, en vez de los 1,2 dólares que tendría que haber pagado en caso de retirada. Esta escalada de pujas se zanjó cuando uno de ellos se dio cuenta de que estaba inmerso en una espiral continua de pérdidas y decidió dejarlo, asumiendo su quebranto económico. Al final, quien ganó pagó 2 dólares y medio por llevarse uno.

Federico quedó sorprendido por lo acontecido en esta subasta, era una locura haber pagado más de 1 dólar por un 1 dólar, pero sobre todo estaba desconcertado por un hecho: la irracional espiral que condujo a ello se construyó concatenando decisiones coherentes, y así cada jugador, cuando pujaba de nuevo, lo hacía en base a un argumento racional (perdía más que si no lo hacía). Entonces, ¿cómo podía ser que agregar decisiones racionales no asegurase un resultado racional? Pregunta inquietante cuya respuesta de momento Federico desconocía, aunque le quedaban años de carrera para descubrirlo.

En otra subasta ocurrió algo curioso. El organizador oyó a una de las diez personas que iban a participar decir al resto:

—Oídme un momento, vamos a fastidiar al subastador. Solo vamos a hacer una oferta de 5 centavos, la mínima, y nos repartimos los 95 centavos de ganancia entre nosotros diez.

Todos asintieron, cada uno ganaría 9,5 centavos, y la subasta comenzó con la puja acordada, pero de repente uno de ellos dijo: «¡10 centavos!».

El que rompió el pacto tenía un aliciente para actuar de esta forma: ¿por qué llevarse solo 9,5 centavos, cuando pujando podía ganar 90? A partir de ahí, se desató una batalla entre ellos.

También hubo quien relató que a él directamente le ofrecieron en la primera puja 99 centavos, aunque de manera inesperada hubo una segunda puja de 1 dólar. Quien la hizo no ganaba ni perdía nada con ello, al menos en términos monetarios, pero se daba el capricho de fastidiar al otro obligándolo a pagar 99 centavos a cambio de nada. Parece ser que entre ellos la relación no era precisamente amistosa. Desde ese instante, se enzarzaron en una guerra de pujas. Ni que decir tiene que quien ganó la contienda fue el subastador.

El resto de subastas también fueron un éxito, y los vaticinios del estudiante novato, Federico, no se cumplieron.

En cada subasta realizada, se obtuvo bastante más de 1 dólar; así, casi ninguna bajó de los dos por dólar subastado, y en muchos casos la subasta se cerró entre tres y cinco, cantidades que alguna vez también fueron superadas.

Al igual que en el juego del «Ultimátum», estos resultados presentados de la subasta del dólar reflejan los obtenidos en la realidad por el diseñador del juego, Martin Shubik, publicados en marzo de 1971 en *Journal of Conflict Resolution* (15, 1, pp. 109-111) bajo el título «The Dollar Auction Game: A Paradox in Noncooperative Behavior and Escalation». Y como escribió el propio Martin: «Cuanta más gente juegue y cuanto más alegres estén, mejor».

En principio, parece insensato participar en la subasta del dólar, tal y como pronosticaba Federico, pero la realidad es como es, y en muchos casos, cuando jugamos, sencillamente lo hacemos por el placer de jugar, sin echar las cuentas que este hizo sobre la conveniencia racional de participar. ¿Acaso la mayoría de los millones de personas que juegan a las quinielas saben cuál es la probabilidad de acertar 14? Sinceramente, lo dudo. ¿Y les importa no saberlo? Igualmente dudo que así sea.

Evidentemente, debemos evitar situaciones «réplica» de la subasta del dólar y, por tanto, que conducen a una espiral de pérdidas sin darnos cuenta. Un ejemplo clásico en economía es la llamada «falacia del coste perdido». Cuando un proyecto en un momento dado no ofrece perspectiva de futuro alguna, es completamente irracional seguir invirtiendo dinero, tiempo e ilusiones en él, simplemente porque ya hemos invertido una buena dosis de cada una de esas tres cosas, pues muy probablemente no encontremos jamás recompensa por mucho que nos empeñemos. El problema es el malestar generado por el sentimiento de pérdida de lo invertido, es tan fuerte que nos resistimos a admitirlo, y ello nos empuja a caer en una espiral irracional donde empleamos recursos sin sentido.

Todos hemos caído en la trampa mental que representa esta falacia en algún plano de nuestra vida, aunque quizá no seamos conscientes de ello. Imaginemos ser los propietarios de la entrada para un partido de fútbol; nos ha costado 50 dólares que ya hemos pagado tras dos horas de cola en la taquilla. Pero el día del encuentro hace un frío polar de cuidado y caen chuzos de punta; entonces pensamos: «¡Qué bien veía en el sofá de mi casa el partido!».

Acto seguido, entra en funcionamiento la falacia del costo perdido, y nuestra mente se ve secuestrada por otro pensamiento que corrige al anterior: «¡Cómo no voy a ir al partido si ya he pagado la entrada!». Pues eso, si ya la hemos pagado, ese coste es irrecuperable, y ahora podemos hacer dos cosas: o bien vemos el partido calentitos y secos en nuestras casas, o bien lo vemos todo mojados y helados en el estadio. Lo racional es elegir la primera opción, pero la realidad es que la mayoría de las personas optamos por la segunda. Y como este, podemos buscar en nuestra vida muchos ejemplos más.

En conclusión, cuidado con los razonamientos en espiral que conducen a un pozo sin fondo. Y si tenemos un coche viejo, estemos alerta, porque este mes puede romperse la transmisión, y quizá decidamos arreglarla porque la semana pasada nos tocó aflojar la cartera gracias a la reparación de un inyector, que decidimos cambiar por haber rectificado el alternador el mes anterior, que a su vez mandamos reparar ya que hacía tres meses…, y así factura tras factura.

A POR EL MILLÓN

El destino elegido por Lucas y sus compañeros de promoción para el viaje fue la península de Zanzinate, un auténtico paraíso natural situado en las antípodas. El coste del viaje superaba con creces el dinero recaudado con la subasta del dólar y otras timbas parecidas, pero tenían una oportunidad de conseguirlo si eran elegidos como partícipes en uno de los experimentos de *lord* Knoxville Mckinley, ¡y lo fueron!

Este excéntrico personaje tenía el dinero por castigo. Como escapatoria al tedioso aburrimiento que al parecer le producía ser multimillonario, estudió psicología, sociología, matemáticas y economía en las más prestigiosas universidades en cada una de esas áreas. Ello lo llevó a descubrir su gran pasión, el estudio del comportamiento humano, y a crear para satisfacerla el KM Research Institute, una institución donde llevaban a cabo experimentos que por su coste no se realizaban en parte alguna. Así diseñaron un juego entre dos jugadores, donde uno de ellos se podía llevar una jugosa cantidad de dinero, pero cuánto exactamente y cómo lograrlo era una incógnita solo desvelada al comienzo del juego experimental.

En representación de todos los integrantes del viaje, jugaría Lucas. El otro jugador que se necesitaba para el experimento también jugaba a favor de un colectivo; en concreto, de una peña ciclista cuya pretensión era renovar bicicletas y vehículos con el premio.

En una sala repleta de cámaras grabándolo todo, el mismo Knoxville Mckinley abrió y mostró a los contendientes un cofre lleno de monedas, que sumaban algo más de un millón. ¡El premio del concurso! Tras ponerles los dientes largos, y sensores de todo tipo por diferentes partes del cuerpo, tomó unas monedas del cofre y formó con ellas dos montones: en uno había monedas por valor de 10 dólares; en el otro, una moneda de 50 centavos. Los puso delante del ciclista y le dijo:

—Esta es la primera ronda del juego que os voy a proponer para ganar el millón, y tú tienes que decidir entre dos acciones: o bien coges un montón y entregas el otro a Lucas, con lo cual se acaba el juego, o, por el contrario, entregas a este los dos montones, en cuyo caso el dinero de cada montón se multiplica por diez y el juego continúa con una nueva ronda, la segunda.

Dicho esto, KM dirigió su mirada y sus palabras al otro concursante, Lucas:

—En esta segunda ronda quien decide eres tú. Con los dos montones que te ha pasado el ciclista, puedes hacer dos cosas: o bien te plantas y repartes uno para cada uno, dando el juego por finalizado, o bien se los pasas a tu contrincante y el juego sigue. Si haces esto, el dinero de los montones se ve multiplicado por diez, continuando el juego con una nueva ronda y cambio de turno (vuelve a decidir el ciclista).

A estas frases añadió:

—Así podéis seguir hasta un máximo de seis rondas, tres para cada uno, en las que, recordad, cada vez que paséis los montones, su cuantía se multiplica por 10. Y ahora, a jugar, a ver cuánto confiáis el uno en el otro.

Ambos contendientes se encontraban separados por una mampara opaca con una apertura para pasar los montones de monedas y no podían hablar salvo para decir «Me planto». El motivo era evitar el pacto entre ellos, no sea que de casualidad se conociesen.

El ciclista lo vio claro. Cogió lápiz y un papel para anotar las monedas que tendrían los montones en cada una de las seis rondas si el juego llegaba hasta el final.

Ronda	**Monedas ($) (montón 1; montón 2)**
1	(10; 0,5)
2	(100; 5)
3	(1000; 50)
4	(10.000; 500)
5	(100.000; 5000)
6	(1.000.000; 50.000)

Esta tabla la completó con las ganancias que obtendrían tanto él como Lucas en cada ronda si quien tiene el turno decide plantarse al llegar a ella (suponiendo que este se queda con el más grande, tal como en principio haría cualquiera que prefiera más riqueza a menos).

			Ganancia	
Ronda	**Moneda ($)**	**Turno**	**Ciclista**	**Lucas**
1	(10; 0,5)	Ciclista	10	0,5
2	(100; 5)	Lucas	5	100
3	(1000; 50)	Ciclista	1000	50
4	(10.000; 500)	Lucas	500	10.000
5	(100.000; 5000)	Ciclista	100.000	5000
6	(1.000.000; 50.000)	Lucas	50.000	1.000.000

Observando estos resultados, pensó: «Si llegamos a la última ronda (sexta), mi oponente indudablemente cogerá el montón con 1.000.000 dólares y me dejará el de 50.000 dólares. Pero, si en la ronda anterior me planto, gano más dinero, 100.000 dólares; por lo tanto, debo optar por plantarme en la quinta ronda. Pero ¿llegará el juego a ella? Evidentemente no, mi oponente razonará como yo y se plantará en la cuarta, pues ganaría 10.000 en vez de los 5000 de la quinta. Y como sé que hará esto, me plantaré en la tercera…, y así seguiríamos razonando ambos, siendo por lo tanto mi mejor opción plantarme en la primera ronda, al menos gano 10 dólares en vez de 5, pues seguro que mi adversario se planta en su primer turno».

Satisfecho con su impecable razonamiento racional, alzó la voz para decir:

—Me planto.

Ante tal decisión, Lucas se quedó blanco y casi sin habla, solo balbuceó:

—¿*Ghuejbsiahi*?

Que, traducido, omitiendo las palabras malsonantes, quiere decir:

—¡No puede ser! Esa voz me suena. ¡Otra vez el tonto racional!

Y acertó, no por lo de tonto, pero sí, efectivamente, era Federico.

Evidentemente, el medio dólar que se llevó Lucas no lo consolaba nada, adiós a la península de Zanzinate, aunque los 10 dólares que ganaba Federico para su peña tampoco daban para mucho, un par de cajas de parches y poco más.

Las normas de este concurso no son otras que las del juego experimental diseñado por Robert W. Rosenthal, cuyos resultados fueron publicados en agosto de 1981 en el *Journal of Economic Theory* (25, pp. 92-100) bajo el título «Games of perfect information, predatory pricing and the chain store paradox», conocido en la literatura académica por el «Juego del Ciempiés», con el cual se pretendía contrastar en última instancia si las decisiones racionales aseguran mejores resultados que las catalogadas como ilógicas, o con falta de suficiente racionalidad. O dicho de otra forma, diseñado para contrastar si la racionalidad conduce siempre al cielo y la irracionalidad, irremediablemente, al infierno. En los experimentos llevados a cabo con este juego (con otras cantidades y número de rondas diferente al expuesto en esta ficticia historia), la mayoría de las personas partícipes no siguen el razonamiento de Federico y juegan más de una ronda, obteniendo beneficios superiores a los que hubiesen obtenido razonando como él; en este caso, de manera inductiva hacia atrás.

Pero cuidado a la hora de hacer estos razonamientos. Cuando era pequeño, no se me olvidará que me enseñaron uno similar, según el cual tenemos 11 dedos en las manos. Es muy simple. Se extienden los dedos de las manos y se empiezan a contar los de una de ellas hacia atrás, 10, 9, 8, 7, y, al llegar al 6, se para (ya hemos contado los de una mano), entonces al 6 le sumamos los 5 de la otra y tenemos que, entre ambas manos, suman 11. La falacia del razonamiento radica en utilizar la palabra *contar* como sinónimo de *numerar.* ¿Ocurre en este juego algo similar?

En principio, no exactamente. El razonamiento de Federico es satisfactorio, siempre y cuando Lucas razone de su misma manera. En este caso, para Federico la elección se reduce a elegir entre ganar 10 de forma segura o 5 de forma también segura, pues si él no se planta en la primera ronda, Lucas lo hará en la segunda. Ante esta tesitura es clara la elección: plantarse en la primera ronda.

Pero la cuestión es ¿por qué Lucas tiene que razonar como supone Federico cuando ello lo lleva a obtener su peor resultado posible, tan solo un premio de medio dólar? ¿Y por qué Federico hace tal suposición sabiendo esto, cuando implícitamente admite que su oponente prefiere más riqueza a menos?

La verdad es que no parece racional.

De todas formas, vamos a poner contra las cuerdas la estrategia de juego basada en el razonamiento inductivo hacia atrás, modificando un poco las reglas del juego.

Vamos a dar entrada al puro azar. Para ello, basta con introducir en una urna seis bolas (tantas como rondas tiene el juego) numeradas del 1 al 6, y se saca una al azar, de tal forma que el juego terminará en la ronda indicada por su número. En este aleatorio escenario, Lucas nunca puede obtener un peor resultado que el derivado del razonamiento inductivo de Federico (0,5 dólares); es más, es muy probable que logre uno superior, como se puede ver en la siguiente tabla, que recoge las probabilidades asociadas a ganar los diferentes premios accesibles para él.

Premio	**Probabilidad**
0,5 $	1/6
Más de 0,5 $ (de 50 a 1.000.000 $)	5/6

¿Y a Federico también le favorece una decisión basada en el puro azar? En principio, la diosa Fortuna solo le puede asignar un premio peor que aplicando su propio razonamiento, y se daría en el caso de extraer la bola numerada con el 2 (el juego termina en el segundo turno), que sería de 5 dólares (no mucho menor que los 10 dólares conseguidos mediante la razón); en cambio, le puede asignar cuatro mejores resultados (1000, 500, 100.000 y 50.000 dólares), con un beneficio adicional de dinero que oscila entre los 490 a los 99.990 dólares. Para Federico, las probabilidades de obtener cada premio son las siguientes:

Premio	**Probabilidad**
5 $	1/6
10 $	1/6
Más de 10 $ (de 500 a 100.000 $)	4/6

Visto así, muchos individuos preferirían jugar bajo las normas del azar antes que asumir como propio el razonamiento de Federico, lo cual nos debería hacer dudar del mismo, sencillamente por un motivo: el azar no mide más que nuestra ignorancia.

Si lo queremos ver de otra manera, supongamos que vamos al dentista para extraernos una muela. El paciente que va delante de nosotros tiene el mismo problema, y, cuando es llamado por el doctor, oímos que le ofrece dos opciones para aliviar el dolor ocasionado:

- Opción A: Poner una anestesia resultado de una concienzuda, metódica y científica investigación llevada a cabo por un prestigioso laboratorio.
- Opción B: Sujetar con la mano una hoja de laurel, lo cual tiene 1/6 de probabilidad de aliviarle el dolor exactamente igual que la anestesia, y 5/6 de aliviarle de mucho a muchísimo más que dicho fármaco.

Hoja de laurel	**Probabilidad**
Alivia lo mismo.	1/6
Alivia mucho más.	5/6

Acto seguido, vemos como el paciente sale corriendo para el herbolario.

Por su parte a nosotros también nos dio a elegir entre dos alternativas para mitigar el dolor:

- Opción C: Poner la misma anestesia que ofreció al otro paciente.
- Opción D: También sujetar con la mano una hoja de laurel, lo cual en nosotros tiene 1/6 de probabilidad de aliviar un poco menos el dolor que la anestesia; 1/6 de probabilidad de aliviarnos lo mismo, y 4/6 de conseguir un alivio de mucho a muchísimo mayor.

Hoja de laurel	Probabilidad
Alivia un poco menos.	1/6
Alivia lo mismo.	1/6
Alivia mucho más.	4/6

A pesar del carácter científico de la anestesia, probablemente preguntaríamos al paciente anterior dónde está el herbolario.

Y por cierto, un detalle para pensar. Imaginemos que Lucas hubiese comentado a Federico:

—A lo mejor, si el juego llega a la última ronda, no cojo el montón con el millón, sino el de 50.000 dólares.

Si usted fuera Federico, ¿hubiera modificado la decisión de no pasar de la primera ronda?

DESTINO ESTOCOLMO

Tras el fracaso en el juego del millón, Lucas y sus compañeros renunciaron a viajar a Zanzinate. Cambiaron el destino sin mayor problema; en el fondo, la alegría la lleva uno encima vaya donde vaya. Pero el tiempo no obedece ni a la razón ni a la emoción, pasa más rápido de lo deseado y así quien ahora tiene que decidir destino para su viaje es la promoción de Federico, dejaron de ser novatos y ya están a punto de abandonar la dulce vida de estudiante. Las alternativas eran dos: ir a «un todo incluido» en un país del Caribe, o bien darle un aire más cultural al asunto y pasar unos días recorriendo capitales europeas. En reunión de todos los partícipes en el viaje, y a mano alzada, se optó por esta última alternativa.

Viendo la racionalidad demostrada por Federico a lo largo de todos los años de carrera, fue el elegido para recorrer las agencias en busca de ofertas y presupuestos; aunque no sabemos si actuará en aras del bien común, o así será en caso de coincidir con el propio, tal y como haría un genuino *homo economicus.*

Comenzó su recorrido en la agencia Ctour, donde le ofrecieron una estancia de 2 días en Praga y 4 en Estocolmo, con alojamiento en hoteles de dos estrellas y muy ajustada en presupuesto. No estaba mal la oferta, pero la agencia Atour hizo una más de su agrado: 4 días en la ciudad checa y 8 en la sueca; prefería pasar más días en Estocolmo, era una buena oportunidad para ir conociendo la ciudad donde recibiría su Nobel dentro de unos años, y sería una pena que la dejara escapar.

Pero esta decisión no era dictatorial, se tomaba por sufragio universal, donde el universo eran las 65 personas apuntadas al viaje. Algo tenía que hacer para influir en ese universo. Y lo hizo en cuanto se acordó de su amigo Pablo, becario en una gran superficie de electrodomésticos y electrónica. Este le contó algunas de las pequeñas trampas mentales utilizadas para influir en la decisión de compra de los clientes. Así, cuando querían favorecer las ventas de un modelo concreto de pantalla de televisión A, pongamos de 42 pulgadas con conexión wifi a internet, sonido *surround* y un poco subido de precio, solo tenían que hacer una cosa: poner junto a él dos modelos más, tal y como se recoge en la siguiente tabla:

Modelo	Marca	*Surround*	Wifi	Tamaño	Precio $
A	Sumsung	Sí	Sí	42	399
B	Sumsung	Sí	No	32	397
C	GL	No	No	24	199

Uno de ellos sería el modelo C, claramente más barato, con características básicas y un tamaño menor, y el otro, un modelo B de la misma marca del que quieren promocionar (el A), también con sonido *surround*, pero sin conexión a la red, algo más pequeño de pantalla (32 pulgadas), y en el mismo precio o muy parecido a él. Este modelo hace de señuelo, aprovechando la tendencia innata que tenemos a comparar entre opciones parecidas, lo que conlleva a descartar las que no se parecen. De esta manera, el modelo A y el C son difíciles de comparar, pero, al añadir el modelo B, el señuelo, este se compara fácilmente con el B, lo que nos empuja a eliminar el C de nuestro análisis comparativo, restringiendo la elección a los modelos A y B. Ante esta disyuntiva, se nos abre la mente: el modelo A tiene mejores características que el B, cuesta lo mismo, y como no soy tonto, entonces compro el A.

Acabamos de adquirir el modelo que ellos querían vender.

Dicho esto, Federico cogió bien la idea y se presentó en la reunión convocada para votar por el destino del viaje con tres ofertas bajo el brazo, que expuso a sus compañeros.

Oferta	**Estocolmo**	**Praga (días)**	**Hotel**	**Precio ($)**
Atour	8	4	5 estrellas	1100
Btour	7	3	4 estrellas	1090
Ctour	4	2	2 estrellas	600

En la votación ganó la oferta de Atour sobre la de Ctour. La de Btour ni tan siquiera tuvo un voto. Este descalabro de Btour era normal, lo cual se hace evidente si comparamos su oferta con la ganadora.

Realmente la oferta de Btour no existía, fue una invención del joven estudiante diseñada para actuar como señuelo e influir en el voto de sus compañeros. Al ser más parecida a la de Atour, facilitaba la eliminación de la propuesta de Ctour del análisis, de más difícil comparación, y entre A y B era cuestión de no ser tonto.

En definitiva, la racionalidad puede ser una trampa para nosotros mismos, y hay cazadores que saben ponerla en el sitio adecuado.

Casualidades de la vida, al acabar de escribir esta historia, se aproximaba el cumpleaños de mi mujer, y como una colonia suele ser una apuesta segura, trasteando por la red encontré en la web Perfume's Club (día veinticuatro de junio de dos mil diecisiete) los siguientes precios del mismo perfume (Donna Karan) según su tamaño:

100 ml 36,66 euros
50 ml 33,42 euros
30 ml 21,68 euros

¿Cuál hubiera comprado Federico? ¿Cuál compraría usted? ¿Y cuál quieren que compremos?

¡El cazador ha sabido poner la trampa!

LAS MALETAS PERDIDAS

A Federico el viaje le salió a pedir de boca; de hecho, el único contratiempo que tuvo fue ya de regreso, en la terminal del aeropuerto extraviaron su maleta. En principio, un incidente menor, salvo en un detalle, pues no podía justificar su valor. En idéntica situación parecía encontrarse otra persona. Por lo expuesto en las respectivas reclamaciones, se podía deducir que ambas maletas eran prácticamente idénticas tanto en continente como en contenido. El responsable de la compañía encargado de resolver estos asuntos, dada la falta de acreditación del verdadero valor de cada equipaje, les propuso por separado el siguiente acuerdo: Federico y la otra persona escribirían en un papel el valor estimado de su maleta dentro de los límites que la compañía tenía marcados, mínimo de 2 dólares y máximo de 100 dólares. Como eran maletas idénticas, si los dos coincidían en la misma cantidad, se estimaría como cierto el mismo y a ambos se les abonaba ese dinero, pero, si no coincidían, entonces se les abonaba la menor de las cantidades declaradas, que era tomado como verdadero valor, con una bonificación de 2 dólares adicionales para quien lo hubiera declarado. De la misma forma, se penalizaba en esa cantidad al que había declarado la mayor por intentar engañar. Para evitar un pacto entre Federico y la otra persona, se les acomodó en estancias separadas, aunque de hecho entre ellas no se habían visto.

Federico pensó: «Si ambos declaramos 100 dólares, estaría genial, pero la otra persona que reclama tiene un incentivo para no hacerlo. Así, declarando 99 dólares, recibe la prima de 2 dólares y se reembolsa 101, mientras que yo solo 97 por la penalización. Mejor declaro 98 dólares; de esta forma, la bonificación me la llevo yo y recibo 100. Pero el otro viajero pensará que yo voy a hacer esto y declarará 97 dólares, en cuyo caso ahora el bono sería para él y yo solo recibo 95, entonces yo declararé 96, pero él sabe que lo haré y declarará 95...».

Federico, siguiendo este patrón, marcado por la conducta del otro, siempre encontraba un incentivo para ir declarando un valor inferior; por lo tanto, declaró como valor de la maleta el mínimo que pagaba la compañía, es decir, 2 dólares. En cambio, Rosalinda, la otra persona que reclamó su equipaje, declaró un valor de 100 dólares y, por lo tanto, según el acuerdo, recibió una indemnización de 0 (mínimo valor declarada-2 dólares). Indignada, preguntó:

—¿Pero a qué mente privilegiada se le ha ocurrido valorar la maleta en 2 dólares?

Federico, para satisfacer su curiosidad, asomó tímidamente su cabeza por la puerta de la estancia donde se encontraba Rosalinda y dijo:

—Mi mente no tiene ningún privilegio, señora, sencillamente soy racional. No es mi culpa que usted no lo sea.

La mujer no se molestó ni en contestar, aunque, si ella hubiera seguido el mismo razonamiento que Federico, también hubiera declarado 2 dólares y, paradójicamente, hubiera sido la mejor estrategia de cada uno, dada la estrategia del otro. Sería lo que se conoce dentro de la teoría de la decisión como una «estrategia de equilibrio de Nash», denominado así en honor al matemático y nobel de Economía J. Forbes Nash, dado a conocer al gran público por la película *Una mente maravillosa.*

La siguiente tabla, conocida dentro de la teoría de la decisión como «matriz de pagos», recoge los resultados derivados de la interacción entre las diferentes estrategias de cada uno, sintetizadas en dos: declarar 2 dólares, o bien declarar más de 2.

	Rosalinda declara 2 $	**Rosalinda declara más de 2 $**
Federico declara 2 $	Federico y Rosalinda se llevan 2 $ cada uno (equilibrio de Nash).	Federico se lleva 4 $ y Rosalinda se lleva 0 $.
Federico declaramás de 2 $	Federico se lleva 0 $ y Rosalinda se lleva 4 $.	Ambos se llevan lo mismo (3 $ o más). Uno, el valor mínimo declarado más 2 $ (5 $ o más); el otro, el valor mínimo declarado menos 2 $ (1 $ o más).

Se dice que es de «equilibrio» porque no habría incentivos para cambiarla de manera unilateral por parte de Federico o de Rosalinda. Así, si Federico cambia su estrategia pasando a declarar 3 dólares, sin Rosalinda haber modificado su declaración de 2 dólares, pasaría a no recibir nada, empeorando por tanto su situación (idéntico razonamiento podemos aplicar en el caso de Rosalinda). ¡Pero ojo! Que sea una solución de equilibrio solo quiere decir eso, nada más. No conlleva asociado que sea la mejor u óptima; de hecho, en este caso, no lo era (un acuerdo entre ambos ofrece mejores resultados).

Además, si tenemos en cuenta el verdadero valor de la maleta como referencia de valoración, puede ser que esta forma de alcanzar el equilibrio de Nash no resulte realista. ¿Ese valor es superior a 2 dólares o inferior a dicha cantidad?

Si es inferior, quizá sí actúen según el razonamiento que conduce al equilibrio, pues declarar 2 dólares les asegura recibir más dinero del que realmente vale la maleta. En el caso de ser superior a 2, actuar según dicho razonamiento los conduce a una pérdida segura. Dada la seguridad de esta pérdida, quizá prefieran olvidarse de esa forma de razonar y arriesgarse a recibir una cantidad incierta, que puede ir desde 0 monedas hasta las 101, dependiendo de la cantidad declarada por cada uno.

Pero, al igual que hicimos en el caso del «Juego del Ciempiés», ¿por qué no poner a prueba el razonamiento utilizado por Federico, que, de haber sido también utilizado por Rosalinda, hubiera conducido al equilibrio de Nash?

Hay una forma muy simple de hacerlo. Supongamos que la compañía aérea, a través de su responsable, hace un pequeño cambio en las reglas del acuerdo ofrecido a nuestros viajeros, y así, en vez de ser ellos mismos los que determinen el valor de sus maletas, será el puro azar quien lo haga.

Para ello, a Federico le damos una urna con 99 bolas

numeradas del 2 al 100, representativas de las posibles valoraciones de su maleta, y le entregamos otra idéntica a Rosalinda. A continuación, se les pide que saquen una bola de su urna, se compara el par de valores obtenidos y, en función de ello, se determina la indemnización que corresponde a cada uno con las reglas de bonificación/penalización conocidas. Los distintos pares de valores obtenidos al sacar las bolas se pueden componer de 9801 maneras diferentes. De ellas[1], 9410 acabarían dando unas indemnizaciones en las que al menos uno de los dos mejoraría con respecto a la estrategia de equilibrio de Nash (declarar cada uno un valor de 2 dólares), de las cuales[2] 9218 otorgan para ambos unas indemnizaciones superiores a las obtenidas con dicho equilibrio; por lo tanto, hay una probabilidad del 96 % de que ocurra lo primero y un 94 % de que ocurra lo segundo.

En conclusión, en este caso, y al igual que ocurrió en el mencionado «Juego del Ciempiés», al dejar la decisión en manos del azar, muy probablemente acabemos con más dinero en los bolsillos que aplicando un razonamiento tan coherente como el utilizado por Federico, y débil es la razón cuando el azar es muy probable que la supere.

La historia narrada es una réplica de un conocido juego, «El dilema del viajero», planteado por el economista indio Kaushik Basu y publicado en mayo de 1994 en la *American Economic Review* (vol. 84, n.º 2, pp. 391-395) bajo el título «The Traveler's Dilemma: Paradoxes of rationality in Game Theory». Tiene el mismo objetivo que el mencionado «Juego del Ciempiés»: comprobar si

[1] Cuando ambos declaran bien 4 dólares o más, o bien 3.

[2] Cuando ambos declaran bien 5 dólares o más, o bien 4, o bien 3.

las decisiones «no racionales» pueden conducir a mejores resultados que las «racionales»; de hecho, cuando este juego se ha propuesto en experimentos, los resultados apoyan la hipótesis de actuación «no racional»: la mayoría de los partícipes valoraban la maleta en 100 o en cantidades próximas (de 95 a 99). Tal y como explica el propio autor del juego:

> Si tuviera que jugar a este juego, me diría a mí mismo: «Olvídate de la lógica del juego». Voy a declarar un elevado valor (quizá 95) y sé que mi oponente jugará de forma parecida, y ambos ignoraremos el argumento racional de que el siguiente número más pequeño sería mejor que cualquier otro número que elijamos.

El equilibrio de Nash (2,2) es una estrategia segura para ambos, basada en admitir que el otro va a pensar de una forma concreta. En este sentido, son clarificadoras las palabras del propio Kaushik Basu:

> Para la teoría de juegos, la racionalidad es un conocimiento común entre los jugadores. Si los jugadores son racionales, cada uno sabe que el otro es racional, cada uno sabe que el otro lo sabe, y así sucesivamente. El supuesto de que la racionalidad es un conocimiento común es tan omnipresente en la teoría de juegos que rara vez se dice explícitamente. Sin embargo, nos puede llevar a problemas… Creo que la suposición de que la racionalidad es conocimiento común es la fuente del conflicto entre la lógica y la intuición y que, en el caso del dilema del viajero, la intuición es correcta y espera la revalidación por una lógica mejor… («The Traveler's Dilemma», *Scientific American*, pp. 90-95, junio 2007, Kaushik Basu).

Más alto se podrá decir, pero más claro, difícilmente.

A ESCENA LA INCERTIDUMBRE

Tras cinco años de carrera con Trabajo Fin de Grado incluido, 12.000 horas dedicadas entre clases, trabajos y horas de estudio, unos cincuenta exámenes superados, el sacrificio económico de sus padres para afrontar los pagos de matrículas, libros, clases de inglés..., por no hablar del desgaste mental de muchos años repitiendo el mismo mantra: «Hijo, estudia, que es por tu bien», y finalmente, por abreviar el listado, los 40.000 euros invertidos por el Estado en su formación universitaria..., Federico encontró un trabajo de becario en el KM Research Institute, donde ya lo conocían por su participación en uno de sus juegos experimentales, el del millón. Cobraba el salario mínimo, pero, como decían sus padres: «Tú empieza por ahí, que ya se verá». De todas maneras, él estaba contento si lo comparaba con el salario del trabajo al que renunciaba: los cero euros de estar apuntado al paro. Con el dinero ganado se pagó un máster en Economía y Matemáticas Aplicadas de 1200 horas, más otras 600 adicionales de estudio. Fueron dos años de sacrificios, que algún día esperaba ver recompensados, ¿quizá con el Nobel? De momento, en el KM R. I. lo pasaron de becario a contratado. Animado por ello, se doctoró, lo que supuso cinco años más entre cursos, trabajos de investigación y tesis (las horas invertidas en ello las dejó de contar por recomendación de su novia, Olivia). Pero también tuvo premio: lo hicieron personal fijo. Ya era todo un investigador y, como tal, dirigió un estudio cuyo objetivo era la búsqueda de respuestas a unas inquietantes preguntas: ¿cuál es nuestra actitud frente a la incertidumbre, el riesgo y la certeza a la hora de tomar una decisión de inversión? ¿Habrá coherencia entre dicha actitud y las decisiones que efectivamente tomamos, o, por el contrario, mostraremos síntomas de irracionalidad?

Parte de las encuestas necesarias para ello las tomó en una céntrica sucursal bancaria. Su director, Manolo, un buen profesional muy curtido por los años en la brega diaria con los clientes, y siempre muy honesto en sus actuaciones, conocía en profundidad su oficio. No quería ser como el hechicero de una tribu puesto al frente de una farmacia y dedicaba mucho tiempo a conocer el funcionamiento de todos los productos financieros que ofertaba. Era un tipo curioso, en su mesa había sustituido la foto de su familia por la de una gallina. No dudaba en mostrársela a todo aquel que acudía a su despacho en busca de crédito, acompañando el rito con la frase:

—El valor de una gallina en el mercado depende de su capacidad para poner huevos. ¿Cuántos puede poner la suya?

Con esta metáfora[3] mostraba su criterio para conceder crédito, advirtiendo además que la gallina ni vive eternamente ni siempre pone la misma cantidad de huevos. Su código ético lo hacía ser reacio a prestar dinero para ciertos fines, como podía ser la celebración de una comunión, pues no veía en esos menesteres dónde estaba la gallina ni, por supuesto, los huevos. Todo ello hacía de Manolo una persona con mucha credibilidad entre sus clientes, traducida en fondos captados para el banco. Desde el principio hizo buenas migas con Federico, incluso veía al nobel investigador como un novio perfecto para su hija. Facilitó en todo lo que pudo su labor, instalándolo en una mesa a modo de puesto de trabajo, como uno más de la oficina. Desde ella, Federico encuestaba a los clientes que Manolo le iba derivando. Los sometía a tres cuestionarios diferentes, cada uno diseñado con un objetivo concreto.

El primer cuestionario utilizado constaba de tres preguntas:

---

[3] Metáfora que simplemente refleja el enunciado de la conocida como Proposición I del 58 de F. Modigliani y M. Miller (ambos, nobeles de Economía), publicada en el artículo «The Cost of Capital Corporation Finance and Theory of investment» (*American Economic Review*, junio de 1958). Según la misma, bajo ciertas condiciones, el valor de los activos de una empresa no depende de cómo estén financiados, sino de su capacidad para generar renta; es decir, si tenemos una gallina y vamos al mercado a venderla, el posible comprador nos preguntará cuántos huevos pone, y, cuanto más elevado sea el número de la respuesta, en más dinero la valorará, pero difícilmente nos preguntará si la compramos con nuestro propio dinero, con el del banco o con el de un amigo.

Primera. Imagine una urna donde metemos 75 bolas. De ellas, 25 son rojas, y las 50 restantes son negras y amarillas, pero desconocemos cuántas hay de cada una. Se le ofrecen dos alternativas, A y B:

A: Participar en un juego donde, si saca una bola roja, gana unas monedas, pero, si saca una de los otros colores, negra o amarilla, las pierde.

B: Participar en un juego donde, si saca una bola amarilla, gana esas mismas monedas, perdiéndolas si es de otro color.

¿Con cuál de las dos se queda?

Segunda. Ahora le ofrecemos otras dos alternativas, C y D.

C: Participar en un juego donde gana si saca bola negra o roja, y pierde si es amarilla.

D: Participar en un juego donde gana si saca bola amarilla o negra, y pierde si es roja.

¿Con cuál de las dos se queda?

Imaginemos que hemos sido alguno de los encuestados. Si a la primera propuesta dimos como respuesta la A y a la segunda la D, entonces caímos en la paradoja de Elisberg, descrita por este economista americano a principios de los años 60 del pasado siglo. ¿Y por qué es una paradoja? Muy sencillo, los juegos C y D tienen una cosa en común: la bola negra es ganadora; luego, se diferencian en sacar roja o amarilla. Entonces, si elegimos la opción A, no hay motivos para luego no coger la C.

¿Y por qué caemos en ella? Porque el riesgo nos desagrada, pero la incertidumbre aún más, entendiendo por lo primero una situación donde sabemos lo que puede ocurrir, así como sus probabilidades, mientras que, bajo incertidumbre, solo conocemos lo que puede ocurrir. En la alternativa A, sabemos que tenemos un tercio de probabilidades de ganar, puesto que hay 25 bolas rojas de 75, frente a una probabilidad desconocida en la B, dada nuestra ignorancia sobre el número de bolas amarillas que hay, solo sabemos que oscila entre 1 y 49. Con las alternativas D y C, ocurre algo similar; así, en D sabemos que tenemos un tercio de probabilidad de perder y dos tercios de ganar, mientras que con C desconocemos ambos datos.

Alternativas	Probabilidad de ganar	Probabilidad de perder
A	(Sale roja) 25/75 = 1/3	(Sale negra o amarilla) 50/75 = 2/3
B	(Sale amarilla) ?	(Sale roja o negra) ?
C	(Sale roja o negra) ?	(Sale amarilla) ?
D	(Sale negra o amarilla) 50/75 [illegible]	(Sale roja) 25/75 = 1/3

Pero no hay que preocuparse por caer en la paradoja, los resultados de Federico (y los reales) señalan que la mayoría de las personas caemos.

Esto explica por qué el miedo ante algo desconocido, como una nueva enfermedad, nos agarra mucho más que ante otra conocida en sus efectos, a pesar de que puedan ser más devastadores.

El cuestionario terminaba con la siguiente pregunta:

Tercera. Se le ofrecen dos urnas (A y [illegible] ıs que sacar una bola:

A: Contiene 5 bolas rojas y 5 negras.

B: Contiene solo bolas de esos dos colores, pero no sabes cuántas de cada uno.

Si ganase unas monedas por sacar bola roja y las perdiese en caso contrario, ¿cuál de las dos urnas elegiría?

Esta pregunta era confirmatoria de la aversión a la incertidumbre, o, como se dice en la literatura, sobre el tema «aversión a la ambigüedad». Si preferimos la urna A, pertenecemos al grupo de personas con este tipo de aversión, del que, por cierto, la mayoría formamos parte.

Urna	Probabilidad de sacar bola roja	Probabilidad de sacar bola negra
A	5/10	5/10
B	?	?

Federico estaba un poco confuso con los datos obtenidos. Muchas decisiones tomadas en el ámbito financiero, en algunos casos muy relevantes para nuestras vidas, contradecían los resultados recabados con este cuestionario. Así, ¿cómo personas que presentan este tipo de aversión firmaban hipotecas con plazos de devolución próximos a los treinta años? Los eventos que pueden suceder a un individuo durante ese tiempo, tanto para bien como para mal, son algunos conocidos, pero otros no, y de los primeros además su probabilidad de ocurrencia es prácticamente indeterminable, siendo por ello el futuro de cualquier persona en ese plazo de tiempo un escenario donde la ambigüedad es el actor principal. Era una paradoja que Federico consideraba el resultado de una decisión incoherente, impropia de un ser racional.

Manolo, alejado del mundo teórico y muy próximo al real, estaba al tanto de las inquietudes del investigador.

Realmente no le faltaba razón a Federico, pero, según el director de la oficina, había omitido un detalle y le dijo:

—Si tus padres tienen choza propia, y los demás miembros de la tribu también (familiares, amigos, compañeros de trabajo...), en cuanto puedas, tendrás la tuya en propiedad, aunque conlleve estar cazando todo el día para poder pagarla. El resto también lo está.

Y no le faltaba razón a Manolo. Los humanos somos animales sociales, no vivimos aislados de nuestros congéneres; su forma de pensar, de actuar, sus preferencias, costumbres..., todo influye en nosotros. Es el denominado «pensamiento social», un factor con mucho peso a la hora de tomar decisiones, según señalan los estudios sobre el tema. Valga a modo de ejemplo el caso citado en el Informe sobre el desarrollo mundial (2015), tomado del estudio realizado por Gunhild Berg y Bilal Zia (Documento de trabajo 6407, World Bank. Washington D. C., 2013). Así, en Sudáfrica, se llevó a cabo una iniciativa para enseñar conceptos básicos de finanzas, a modo de alfabetización en este campo, a través del comportamiento y actitud de los personajes de una típica telenovela cuyo protagonista era un desastre tomando decisiones asociadas con el dinero. Y tuvo éxito; de hecho, los seguidores de la serie (durante al menos dos meses) mostraron menos probabilidades de hacer apuestas y compras irresponsables a plazos; la relación «emocional» entre los televidentes y los personajes lograba que los primeros mantuvieran una actitud muy receptiva hacia los mensajes financieros de los segundos.

Para que luego digan que la tele atonta.

AVALA UN RATÓN

Si con el anterior cuestionario, se pretendía analizar nuestra actitud ante la incertidumbre, el siguiente estaba diseñado para evaluar nuestro comportamiento en contextos de riesgo frente a los de certeza.

En concreto, este segundo test planteaba otras tres preguntas, cada una con dos alternativas de elección (método de elecciones hipotéticas):

Primera. ¿Qué prefiere?

Opción A: Ganar 4000 dólares con una probabilidad del 80 % (o nada con un 20 %).

Opción B: Ganar 3000 dólares seguros.

Segunda. ¿Qué prefiere?

Opción A: Ganar un viaje de tres semanas por Inglaterra, Francia e Italia con una probabilidad del 50 %.

Opción B: Ganar un viaje por Inglaterra de una semana con seguridad.

Tercera. ¿Qué prefiere?

Opción A: Ganar 6000 dólares con una probabilidad del 45 %.

Opción B: Ganar 3000 dólares con una probabilidad del 90 %.

Las respuestas obtenidas aparecen recogidas en la siguiente tabla:

	Opción A	Opción B
Problema 1	20 %	80 %
Problema 2	22 %	78 %
Problema 3	22 %	78 %

Basándose en las mismas, Federico se dio cuenta de que priorizamos el hecho de «no perder» sobre el de «ganar», dado que en los tres problemas planteados la opción B representa una alternativa segura (o casi) frente a su homóloga arriesgada, compensando el menor riesgo con una menor expectativa de pérdida (y de ganancia).

Esta «aversión a la pérdida» se pone de manifiesto cuando perder 1000 dólares en un juego provoca en nosotros una pena que la alegría de ganarlos no sería capaz de compensar.

Siguiendo con su labor de investigación, y para confirmar estos resultados, Federico propuso a diferentes personas una apuesta en la que podrían perder 10 dólares con una probabilidad del 50 % o ganar «cierta cantidad». De esta manera, por ejemplo, si se aceptaba la apuesta cuando esa «cierta cantidad» eran 20 dólares, entonces la pena de perder 10 dólares «equivalía» al placer de ganar 20. En términos medios, la mayoría de los partícipes en el experimento reclamaban unos 25 dólares para aceptar la apuesta. Evidentemente, eran «adversos a las pérdidas», y se confirmaba que estamos más influenciados por el miedo a perder que por las posibles ganancias.

A Federico estos resultados lo desconcertaban, al igual que lo hicieron los del primer cuestionario. Su racional mente de investigador ya consideró paradójico que fuéramos capaces de firmar una hipoteca a muy largo plazo cuando, según los estudios, era manifiesta nuestra «aversión a la ambigüedad», pero, si ahora añadimos a este perfil de comportamiento la «aversión al riesgo de pérdida», tal y como se deduce del segundo cuestionario, ¿cómo es posible que tantos miles de personas hayan sido capaces de avalar esos préstamos hipotecarios?

La respuesta tenía visos de poner de nuevo a la razón contra las cuerdas. Para corroborar ese probable incoherente comportamiento, Federico diseñó un juego.

Las reglas eran muy sencillas: se soltaba un ratón al comienzo de un circuito en cuyo recorrido había situadas una serie de trampas. Si el roedor quedaba atrapado en una de ellas, el jugador perdería su apuesta y el juego se daba por terminado; si por contra llegaba a la meta, ganaría. La cantidad de dinero apostada era variable, y se determinaba cuando acabase el juego en función de la distancia que faltara para concluir el recorrido. Así, partiendo de una cantidad acordada cuando el ratón estaba en el punto de salida, iría disminuyendo a medida que el pequeño animalillo se acercaba al final del trayecto, punto este en el que la cuantía apostada sería nula (por lo tanto, si el ratón llegaba a la meta, las ganancias del jugador eran 0 dólares). La probabilidad de quedar entrampado, dependía del número de trampas, de la colocación estratégica de estas, del estado físico del ratón..., pero,

¡ojo!, que de repente y sin previo aviso podría aparecer un gato que, viendo la carrera, decidiera participar en ella (ejemplo del tipo de sucesos que se suele obviar en estas estimaciones).

Federico propuso este juego a los clientes de la sucursal de Manolo que habían avalado una hipoteca y, para hacerlo operativo, dividió el circuito en tres tramos. Si el ratón caía en el primero, se perdía la apuesta inicial establecida en 10 dólares. En caso de caer en el segundo trecho, el dinero apostado y perdido disminuía a 6 dólares, y a 2 dólares si diera con sus huesos en una trampa del tercer y último segmento del circuito. Que el ratón conseguía completar todo el itinerario, entonces el jugador ganaba... Pero, como ya sabemos, el premio recibido sería nulo (0 dólares). Respecto a la probabilidad de caer en una trampa en cada parte del recorrido, se estimaba en un 25 %, 15 % y 10 %, respectivamente, siendo la probabilidad de llegar a la meta del 50 %. La distribución de probabilidad del juego se muestra en la siguiente tabla:

Suceso	Resultado ($)	Probabilidad (%)
Cae en el tramo 1.º	-10	25
Cae en el tramo 2.º	-6	15
Cae en el tramo 3.º	-2	10
Llega a la meta	0	50

Pues bien, a pesar de explicar las habilidades de los roedores para moverse por los laberintos, Federico no consiguió que alguno de los avalistas jugase y apostase por el ratón.

Esta negativa de los clientes de Manolo era una decisión que usted muy probablemente también habría tomado. ¿Por qué participar en un juego en el que, si gano, no me reporta ni un solo dólar, pero, en caso de perder, sí me toca pagar? Es más, si jugásemos muchas veces, seguro que perdemos, dado que es un juego que siempre ofrece un resultado esperado negativo, sea cual sea la probabilidad de ganar[4].

Resultado esperado
(-10) · 25 % + (-6) · 15 % + (-2)10 % + 0 · 50 % = -3,6 $

Pues bien, paradójicamente, cuando avalamos un crédito hipotecario, estamos jugando a él, al que Federico bautizó como el juego de «Avala un ratón».

Busquemos analogías. El «avalado» es como el ratón, y la longitud del circuito a recorrer son las n letras que debe pagar hasta amortizar completamente el préstamo, siendo las trampas todos aquellos acontecimientos que pueden desembocar en un impago del crédito, como puede ser la pérdida del trabajo, una demanda de divorcio o una inesperada afición a jugar en los casinos *online*, sucesos todos ellos a los que inicialmente se les suele otorgar una baja probabilidad e incluso puede que algunos ni tan siquiera sean considerados ni valorados como posibles. Pero la vida es dinámica, las cosas cambian y lo que era poco probable, e incluso imposible, puede llegar a perder tal condición.

Por su parte, el avalista (jugador), en la mayoría de los casos, simplemente observa el desarrollo del juego con la esperanza puesta en su avalado (ratón), confiando en su habilidad para no caer en trampa alguna y llegar

[4] Salvo que ganar sea un suceso seguro, supuesto poco realista.

sano y salvo a la meta (amortizar completamente el préstamo hipotecario), o al menos que, si llegara a caer en una, fuese lo más tarde posible, para así tener que hacer frente a un pago menor, pues, al igual que en el juego el dinero perdido iba disminuyendo a medida que el roedor se acercaba a la meta, conforme el avalado va liquidando letras, el dinero a pagar por parte del avalista (llegado el caso) también disminuye.

Siguiendo con las analogías, en el juego, cuando el ratón cruzaba la meta, el jugador no se llevaba un solo dólar; de la misma manera, el avalista tampoco cuando el avalado por fin paga la última letra y cancela la hipoteca, simplemente se ve liberado de una obligación que asumió arriesgando su patrimonio y sin recibir a cambio contraprestación económica alguna.

Definitivamente, Federico estaba confuso: si ningún avalista quiso jugar a su propuesta y apostar por el ratón, entonces, ¿por qué esas mismas personas avalaban hipotecas?

Manolo, por su experiencia, sabía que esta paradoja, como tantas otras parecidas, solo pueden ser explicadas por nuestro componente emocional, reflejado en frases como esta: «Es mi hijo, cómo voy a negárselo».

Palabras que tantas veces había en boca de sus clientes cuando daban el visto bueno a firmar como avalistas para que su criatura pudiera tener un piso. Como le dijo a Federico:

—¡Un hijo no es un ratón!

Y por cierto, si recuerda, dijimos que el juego diseñado por Federico ofrecía un resultado esperado negativo para el jugador; de la misma manera, sea cual sea la estructura probabilística que se pueda utilizar para modelar la posición de quien avala, también dará como resultado una esperanza de ganancia negativa. Esto es así porque no hay ningún resultado para el avalista que sea positivo, y las leyes de la probabilidad en este sentido son contundentes: si avalásemos muchísimas hipotecas, perderíamos dinero.

Evidentemente, que una sola persona tenga la capacidad de poder avalar un número lo suficientemente grande de hipotecas como para aseverar que acabará perdiendo parte de su patrimonio (o todo) por ello puede parecer poco verosímil, pero no olvidemos la realidad: hay muchas personas que avalan una sola, y para el conjunto de estas personas el resultado esperado seguro que es negativo.

Hecho este que añade más leña al fuego de la irracionalidad, pues resulta curioso que el estado promulgue leyes que, metafóricamente hablando, permiten que «avalemos un ratón», aun conociendo los daños que de forma cierta ello producirá a una parte de la sociedad[5], aquella que está compuesta por todos los avalistas de hipotecas. Pero nadie dijo que la justicia siempre lleve asociada la racionalidad de sus leyes.

---

[5] Al menos, la ley que regía en España a principios de este siglo durante la recesión de 2008 lo permitía.

DERSÚ UZALÁ, EL CAZADOR

Para concluir el estudio, faltaba un tercer cuestionario por analizar. En él se planteaban dos interrogantes:

Primera. ¿Qué prefiere?
Opción A: Perder 4000 dólares con una probabilidad del 80 %.
Opción B: Perder 3000 dólares con certeza.

Ahora el 92 % de los encuestados preferían la opción A.

A continuación, planteaba otra también en términos de pérdidas:

Segunda. ¿Qué prefiere?
Opción A: Perder 6000 dólares con una probabilidad del 45 %.
Opción B: Perder 3000 dólares con una probabilidad del 90 %.

Se repetía el porcentaje de la respuesta anterior: el 92 % optaba por la alternativa A.

Realmente, en este último cuestionario se planteaban los mismos problemas que en el segundo, pero con un pequeño cambio: en vez de proponerlos en el dominio de las ganancias, se hacía en el de las pérdidas. Federico comparó las respuestas entre ambos, tal como se refleja en la siguiente tabla:

Cuestionario 1	**Opción (%)**		**Cuestionario 2**	**Opción %**	
(en ganancias)	A	B	**(en pérdidas)**	A	B
Problema 1	20	80	Problema 1	92	8
Problema 2	22	78	Problema 2	92	8

Y observó un patrón: la preferencia entre las alternativas definidas en términos de pérdidas es la imagen en espejo de esas mismas alternativas propuestas en el dominio de las ganancias.

Así, la aversión al riesgo en el dominio de las ganancias se acompaña por la atracción al riesgo en el dominio de las pérdidas. Dicho con otras palabras, preferimos «pájaro en mano que ciento volando» (ganancias seguras frente a probables mayores) cuando estamos en el dominio de las ganancias, pero, cuando estamos en el de las pérdidas, aplicamos el refrán «De perdidos, al río» (preferimos pérdidas mayores probables que menores seguras).

Al igual que en el resto de las historias, los resultados de los cuestionarios de estas últimas se corresponden con datos de estudios reales. Así, el segundo y tercer cuestionario forman parte de los utilizados y diseñados por Amos Tversky y Daniel Kahneman (este último, nobel en Economía en el año 2002) cuando expusieron las bases de su «teoría de las perspectivas», en un artículo publicado en marzo de 1979 bajo el título «Prospect-Theory: An analysis of decision under risk» en la revista *Econometrica* (vol. 47, n.º 2, pp. 263-291). La aversión a la pérdida, resumida en la frase de Kahneman: «Odiamos perder más de lo que amamos ganar», es uno de los principales resultados, si no el principal, de sus teorías. Kahneman justificaba esta aversión basándose en las evidencias evolutivas. Así, aquellos organismos que priorizan las amenazas (pérdidas) sobre las oportunidades tienen mayores posibilidades de sobrevivir y conservar su especie. Un animal que sirve como ejemplo de esta afirmación es el caballo, y una sencilla forma de comprobarlo es intentando acercarse a uno, poco manejado, que esté libre en un prado para darle una manzana. Aunque no seamos conscientes de ello, para el caballo nuestro lenguaje corporal es de cazador; por lo tanto, por su seguridad, y como animal de huida que es, intentará mantenerse alejado de nosotros, siendo irrelevante que llevemos una manzana o un kilo de ellas. Prioriza la amenaza que representa un cazador como nosotros a la oportunidad de comerse una manzana. Y digo «cazador» porque quizá pensemos que nuestro instinto depredador está escondido en el baúl de los recuerdos, pero siento decir que no es así, y aunque seamos una persona anticaza, vegetariana o afiliada a un partido verde, ante todo somos cazadores, y si la necesidad lo requiriese, en menos tiempo del imaginado volveríamos a ser como Dersú Uzalá, el cazador inmortalizado por V. Arséniev y Akira Kurosawa. En cambio, un gorrión puede estar comiendo al lado del caballo tranquilamente, al igual que una oveja, una gallina o una vaca. Es más, un niño tiene muchísimas más posibilidades de acercarse al caballo que cualquiera de nosotros y sin ninguna manzana. Su lenguaje corporal es suave y poco agresivo, todavía no ha sacado a la luz al cazador que lleva dentro. Incluso Federico lleva uno.

Este, una vez terminado el estudio, reflexionaba sobre sus conclusiones Si nuestra actitud ante el «riesgo» era la descrita tras el análisis de los tres cuestionarios vistos, ¿por qué, si nos gusta tan poco[6], nos tomamos tranquilamente dos tazas, como si nada? ¿Cómo es posible que nos consigan colocar tantos activos financieros arriesgados? No parece una decisión muy coherente.

Manolo, para apaciguar en parte su inquietud, le dijo:

—Curiosamente, Federico, para venir a diario a la oficina has adquirido una moto. Se venden miles y miles de ellas, y si nos planteasen un cuestionario para determinar nuestra actitud hacia el riesgo de accidente derivado de conducir un vehículo, posiblemente sus conclusiones dificulten comprender por qué se venden tantas con lo peligrosas que son, pues el casco no es garantía de salir indemne de un accidente. Pero el riesgo solo es percibido en la medida que corresponde cuando tienes el accidente, y para entonces ya nos han vendido la moto.

[6] Definido en el dominio de las ganancias.

PARADOJAS Y JURADOS

Han pasado algunos años y Federico se encuentra en un momento dulce de su carrera profesional, aunque, eso sí, todavía no ha sido nominado al Nobel. Esta misma semana, una modesta revista especializada en temas económicos falla el premio Ratio, galardón que este año premia a quien haya destacado como defensor del comportamiento racional en la toma de decisiones económicas, y nuestro amigo está nominado a él junto con otros tres candidatos: A. Alton, B. Bilton, y C. Colton.

Se le notaba entusiasmado con el asunto, pues, si su racionalidad era excelsa, su vanidad no le andaba a la zaga. Pero sus amigos y colegas de profesión, días antes del fallo del jurado, le desaconsejaron acudir al evento organizado para otorgar y dar a conocer al ganador del premio. El motivo de este consejo estaba fundamentado en una filtración hecha desde la propia redacción de la revista, que destapaba las preferencias del jurado con respecto a cada uno de los candidatos. Así, parece ser que A. Alton era preferido a B. Bilton, y este, a C.

Colton, quien a su vez era preferido a nuestro protagonista. Haciendo uso del símbolo > para representar la relación de «preferido a», tendríamos:

Alton > Bilton
Bilton > Colton
Colton > Federico

Para Federico, esta información fue completamente irrelevante; es más, inexplicablemente parecía haberle motivado. Alquiló un *smoking*, cogió un taxi y para allá que fue. Cuando el presentador pronunció el nombre del ganador, muchos de los presentes quedaron sorprendidos, menos el propio agraciado. Con aires de triunfo, subió al pequeño estrado que dominaba la sala para decir:

—Estuve a punto de no venir porque así me lo aconsejaron mis amigos y colegas. Pero, si fui nominado a este premio, es por mi afanada defensa de la racionalidad en la toma de decisiones, y por ello estoy aquí con ustedes, pues, según me advirtieron, no era el preferido de la mayoría de los miembros del jurado. Pero esto solo quería decir eso, nada más. Los miembros del jurado eran tres, cada uno de los cuales tenía que repartir 10 puntos entre los cuatro candidatos: 4 al primero, 3 al segundo, 2 al tercero y 1 al cuarto, siguiendo el proceso electoral descrito por el matemático francés Jean-Charles de Borda en el siglo XVIII, bastante utilizado, por cierto, a la hora de fallar un premio. Con este sistema, una asignación de puntos acorde con las preferencias filtradas pero que a la vez me diera a mí como ganador ¡era posible!, por paradójico y poco intuitivo que parezca.

Dicho esto, para añadir verosimilitud a su exposición,

Federico sacó una hoja de su bolsillo y mostró a los asistentes la siguiente tabla con unas hipotéticas puntuaciones del jurado:

	Puntos repartidos			
	4	3	2	1
Jurado 1	Federico	Alton	Bilton	Calton
Jurado 2	Bilton	Calton	Federico	Alton
Jurado 3	Calton	Federico	Alton	Bilton

Observando la tabla, es fácil deducir que, para dos miembros del jurado, el 1 y el 3, Alton > Bilton; para otros dos miembros, el 1 y el 2, Bilton > Calton, y también para dos miembros, el 2 y el 3, Calton > Federico.

Viendo estos resultados, y en consecuencia, la razón nos invita a pensar que Alton > Federico, de la misma manera que, si una persona tiene 9 dólares, otra 8 y una tercera 7, la primera tiene más dinero que la tercera. ¡Pero no! ¡Federico es preferido a Alton para los tres miembros! Y así, en puntos, Federico acumuló 9; Calton, 8; Bilton, 7, y Alton, 6. Estas puntuaciones indican una jerarquía en puntuación inversa al orden que se filtró, pero, a pesar de esta aparente contradicción, ambos resultados son ciertos, y lo único que se puede decir es ¡bienvenido a la paradoja de Arrow!

A mediados del siglo pasado, el economista y nobel en 1972 K. Arrow demostró que

> [...] si un grupo de personas dispone de tres o más alternativas para elegir, y quiere transformar sus preferencias individuales sobre ellas en un orden de preferencia para todo el grupo, no existen unas reglas de agrupación que permitan hacerlo garantizando un resultado coherente,

siempre y cuando exijamos que dichas reglas cumplan una serie de requisitos razonables.

Este enunciado es conocido como el «teorema de la imposibilidad de Arrow» y da lugar a la paradoja que lleva su nombre. En el caso de identificar a ese grupo de personas con la sociedad, dicho teorema viene a decir, *grosso modo*, que no hay ningún sistema de gobierno perfecto (democracia incluida), pues este es incapaz de incorporar las preferencias de sus ciudadanos a la hora de tomar una decisión que en todos los casos asegure coherencia.

Si nos preguntamos cuáles son las propiedades deseables (requisitos mínimos exigibles) que debe cumplir un método de decisión colectivo, podemos enumerar cuatro.

La primera se conoce como «transitividad» y ha sido la utilizada en esta historia por ser muy intuitiva y fácil de ejemplarizar; así, cuando gusta más el café que el té, y el té más que la menta, entonces también debe ser preferible el café a la menta.

La segunda viene a decir que, al añadir una nueva bebida a las anteriores, como la tila, sea cual sea la nueva jerarquización de preferencias entre estas cuatro bebidas, debe seguir reflejando que el café es preferido al té, y este, a la menta.

Según la tercera, el colectivo prefiere el café al té en la medida en que cada individuo prefiere el café al té, y así, si todos queremos tomar café frente al té, entonces café para todos (siempre que sea posible).

Aunque sea irónico, el único método de decisión colectiva capaz de cumplir con estos tres requisitos es el «dictatorial», es decir, aquel en el cual un ente tiene poder para cambiar las preferencias del colectivo. Como este método es indeseable en sí mismo, se añade un cuarto requisito: que el método no sea dictatorial.

En definitiva, la paradoja de Arrow es un resultado fascinante, pues pone contra las cuerdas a la racionalidad colectiva y da crédito a las palabras que dejó escritas Lao-Tse: «Las palabras de la verdad son siempre paradójicas».

LA REUNIÓN FAMILIAR

Pero la historia del premio a Federico tiene su epílogo. El galardonado estaba exultante, se vino arriba como un gladiador victorioso en el circo y volvió a coger el micrófono. Todos esperaban escuchar un alegato en favor de la racionalidad o una dedicatoria de agradecimiento, pero se equivocaron de lleno: pidió matrimonio a su novia, Olivia.

Las consiguientes felicitaciones fueron numerosas, y algunas curiosas, como la de su tío, persona menos racional que el sobrino pero con más experiencia vital. Por no agobiarlo con más abrazos y besos, se la envió por WhatsApp (así constaría en acta para el futuro, cuando le recordase su advertencia):

—Has decidido casarte. Es la primera decisión irracional que has tomado en toda tu vida. No te preocupes, a partir de ahora va a venir una detrás de otra. ¡Y si no, al tiempo, sobrino!

A los pocos meses de la petición, que fue aceptada, la pareja organizó una comida de fraternidad con sus familias. En algunos casos, en estas reuniones se producen algunas situaciones curiosas, incluso divertidas; en las menos, tensas, y, en las más, acaba reinando la amabilidad y la cordialidad. El encuentro entre ambas familias tuvo un poco de todo.

Federico no conocía a nadie de la familia de Olivia. Por ello, cuando Manolo, el director de sucursal bancaria, vio que su futuro yerno era el joven investigador que tuvo en la oficina, se llevó una sorpresa agradable, pues aquel muchacho en su día le pareció una persona sensata, paciente y racional, cualidades muy valoradas por los padres de la futura pareja de su niña y que rápidamente comunicó al resto de los miembros de su familia; evidentemente, en primer lugar, a su mujer, Rosalinda. La madre de la novia se limitó a decir:

—Bienvenido a la familia, y no hagas caso de lo que dicen de las suegras, que verás cómo conectamos de bien. Es más, tengo la impresión de haberte conocido antes, aunque no sé de qué…

Después de una breve pausa, exclamó:

—¡Dame dos besos, hijo!

Tras responder a la petición, Federico respiró tranquilo. Por suerte, su futura suegra no lo asociaba con el incidente de las maletas perdidas en el aeropuerto hacía algunos años, cuando regresaba del viaje fin de carrera.

Ya solo le faltaba ser presentado al hermano de Olivia. Manolo le comentó:

—Quizá os conozcáis, es también economista. A lo mejor habéis coincidido en la universidad, aunque en diferente curso porque es mayor que tú.

Y así era, pues inmediatamente lo reconoció, mejor dicho, se reconocieron, pero actuaron como si no se hubiesen visto en la vida: el hermano de su amada era Lucas.

Realmente, Federico le estaba agradecido, al menos de momento, pues, gracias a la paupérrima oferta salarial que le hizo como repartidor de comida india, y su consiguiente rechazo, acabó de voluntario en la ONG «Nadie come solo», donde conoció a Olivia. Entrar en esta organización fue un acto irracional de Federico, pues desempeñaba la misma labor que hubiera llevado a cabo en el trabajo rechazado: repartir comida a domicilio en bicicleta, en este caso, a personas ancianas que viven solas, pero sin cobrar nada por ello. Los humanos somos así: en algunos casos, estamos dispuestos a realizar un trabajo de manera gratuita; sin embargo, uno similar pagado con una mísera cantidad, ni en broma. Nuestra parte emocional (y demos gracias por ello) es la responsable de esta paradoja, porque la racional sería incapaz de explicarla.

Por su parte, Lucas no daba crédito. Su cuñado iba a ser aquel individuo que hacía razonamientos lógicos pero con resultados desastrosos y en contra de lo que él entendía por sentido común. Su familia iba a tener un nuevo miembro que parecía ser la reencarnación del *homo economicus.*

En cuanto a la familia del novio, nada especial que comentar, tan solo que su hermano pequeño, que en esa época andaba en la edad tonta, preguntó a sus padres:

—¿Entonces me vais a comprar zapatillas y vaqueros de marca para la boda?

A lo que su madre respondió:

—Pero si los vaqueros del supermercado y los de marca se confeccionan con el mismo tejido y en los mismos países, solo se diferencian en la etiqueta y el precio,

¿entonces por qué pagar más por un producto similar? Ese no es el comportamiento de un consumidor inteligente que compra de forma eficiente, tienes que ir aprendiendo. Mira que eres tonto.

Tras este comentario, Lucas murmuró:

—Empiezo a comprender a mi futuro cuñado. ¡De casta le viene al galgo!

LLEGARON LAS VACACIONES

El verano ha hecho acto de presencia. Federico y Olivia tienen que elegir el destino de sus primeras vacaciones de casados y, como la mayoría de los viajeros estivales, han navegado por la red buscando sitios idílicos, ofertas que lo sean aún más, leído un sinfín de comentarios en las redes sociales, para al final reducir los posibles destinos a cuatro:

1. *Spa* en las islas Sinchan.
2. Safari fotográfico por el parque nacional del Yurungueri.
3. Crucero por los fiordos de Ortenmolsen.
4. Estancia en una casa que la familia de Olivia tiene en Montecabras de Arriba, un pequeño pueblo en medio de la nada, cuya localidad más cercana es San Homecio, famoso por su fiesta.

Para elegir el destino, decidieron jerarquizar sus preferencias, que cada uno anotaría en una cartulina sin ser observado por la otra parte, y así evitar influencias sibilinas.

Federico, persona de espíritu aventurero, optó como primera opción por el safari fotográfico; luego, el crucero, seguido por el *spa*, quedando en último lugar en su jerarquía la estancia en el pequeño pueblo.

Olivia, por su parte, adora el sol, la playa y la cultura asiática, tres ingredientes presentes en las islas Sinchan. Si esto no fuera posible, tenía buenos recuerdos de los veranos que pasaba en el pueblo de su madre, lo que convertían a Montecabras en su segunda opción, y, entre el safari y el crucero, como los barcos la marean, se quedó con la aventura fotográfica.

Para comparar estas preferencias, las transcribieron en una tabla, tal y como queda recogido en la siguiente:

	Primero	**Segundo**	**Tercero**	**Cuarto**
Federico	Safari	Crucero	Islas	Pueblo
Olivia	Islas	Pueblo	Safari	Crucero
Rosalinda	Pueblo	Safari	Crucero	Islas

Podemos observar que aparecen reflejadas las de tres personas, y no es un error. La tercera corresponde a la jerarquización hecha por Rosalinda: la suegra de Federico se va a ir con ellos de vacaciones.

Tras observar detenidamente la información de la tabla, la madre de Olivia tomó el timón de la nave y dijo:

—Parece ser que no tenemos los mismos gustos, pero no pasa nada. Está claro que, entre el safari y el pueblo, el pueblo es preferido, pues así lo hemos votado mi hija y yo. Por tanto, descartamos el safari. Como además el crucero es preferido a las islas, tal y como hemos manifestado mi yerno y yo, estas quedan descartadas. Luego, la decisión final es entre el pueblo y el crucero. Entre estos dos, gana el pueblo dos votos a uno; así que todos para el pueblo.

Pueblo > safari (se descarta el safari)
Crucero > islas (se descartan las islas)
Pueblo > crucero (se elige el pueblo)

Una vez expuestos estos impecables razonamientos, Rosalinda rubricó su intervención con la frase:

—Van a ser unas vacaciones inolvidables, ya lo veréis. Y además, no tendremos problemas con las maletas en el aeropuerto, que yo una vez tuve uno con un tonto a las tres... ¡Que mira que no acordarme de su cara!

Federico, haciendo caso omiso al comentario, pensó: «No sé para qué pienso, si mi suegra ya me ha dicho cómo tengo que pensar. Me la está tratando de colar con argumentos aparentemente lógicos y racionales. Pero puedo contraargumentar. Le voy a decir que, entre las islas y el pueblo, dos de tres preferimos las islas (su hija y yo); por lo tanto, se descarta el pueblo.

»Entre el safari y el crucero, los tres preferimos el safari, descartando en consecuencia el viaje en barco. Por lo tanto, debemos elegir entre las islas y el safari, y gana el safari, pues dos de tres preferimos el safari: mi suegra y yo. Así que todos al parque del Yurungueri a tirar fotos a cebras y leones. Además, de esta manera mato dos pájaros de un tiro, pues mi suegra estará entretenida apuntando y disparando a algo diferente a mí».

Islas > pueblo (se descarta el pueblo)
Safari > crucero (se descarta el crucero)
Safari > islas (se elige el safari)

Pero esto fue un primer pensamiento que no encontró salida por la boca, porque luego le vino otro: «Con este razonamiento fastidio a mi suegra, que se queda sin ir al pueblo, pero también a Olivia, que prefiere el pueblo frente al safari. Mejor me callo, en boca cerrada no entran moscas».

Y se calló. Todos al pueblo.

Luego, la racionalidad de Federico le hizo buscar argumentos coherentes que justificasen cómo, después de todo, su decisión también había sido la adecuada desde el punto de vista racional: menos dinero gastado, más ahorro para el futuro, aire puro y saludable, comida sana, huevos de auténtica gallina, tomates madurados al sol, conocer gente genuina...

Definitivamente, hay dos personas que tienen razón: el tío de Federico (el que le puso un *wasap* el día en que pidió matrimonio a Olivia) y K. Arrow. Este último, por decirnos lo complicado que es agrupar las preferencias individuales para tomar una decisión colectiva, llegando a ser imposible encontrar un sistema que siempre lo haga de forma tan coherente como lo pueda hacer un solo individuo, y el primero, por advertir a su sobrino sobre el nuevo hábito que iba a adquirir tras el matrimonio: acostumbrarse a tomar decisiones basadas en la emoción, olvidando un poco la razón. El problema es cuando este hábito se transforma en vicio.

EL DILEMA DE FEDERICO

El pueblo era un poco aburrido para un urbanita como Federico. Tanta paz y ausencia de ruido fue una sensación agradable durante un corto espacio de tiempo, pero llevaba allí diez días y digamos que estaba un poco saturado de los tópicos asociados a la vida rural. Le faltó tiempo para aceptar la oferta del primo de Olivia, aunque ir al bar de la gasolinera tampoco parecía una actividad estimulante. O al menos eso creía.

Entrar en ese antro era una experiencia curiosa, se tiraba un aire al Titty Twister, el famoso bar recreado por Tarantino en la película *Abierto hasta el amanecer.* Sentados en un banco a la entrada del garito, el primo propuso a Federico jugar al «Copacúa», un juego de reglas muy sencillas: cada vez que un coche parase con la intención de repostar, comprobaban si su matrícula era capicúa. Que lo era, pues cada uno se tomaba una copa; en caso contrario, a seguir esperando. Para añadir un poco de variedad, dependiendo de cuál fuera la cifra final (o inicial) de la matrícula, la copa sería de distinta clase. Así, si acababa en uno, sería un *gin-tonic*; en dos, un orujo; en tres, un cubalibre…, eliminándose de la lista el cinco para evitar rimas que pudieran crear malentendidos. El juego terminaría cuando uno de los dos se retirase, lo que conllevaba para el «gallina» una sanción: pagar todas las copas consumidas por ambos hasta ese fatídico momento. Pues bien, coche va, coche viene, apareció el primer capicúa, y se tomaron la primera copa; rápidamente, apareció el segundo…, y el tercero.

Tuvieron un rato de tregua y vuelta a la carga, y así hasta acumular tantas copas como Gran Slam lleva Nadal. A Federico no lo reconocería ni su mujer, y a su primo tampoco. Pero ninguno estaba dispuesto a dar un paso atrás…, y casi tampoco adelante. El primo llegó a casa como pudo, entró por la puerta del patio sin hacer ruido, se acostó y dijo:

—Cariño, el marido de mi prima Olivia se ha indispuesto, y me he quedado junto a él. Estoy muy cansado, solo quiero abrazarte y dormir. Mañana te cuento todo.

Al día siguiente, su mujer lo encontró dentro de la caseta de Tarzán, un perro san bernardo de cinco años grande como un oso. Estaba abrazado a él como un náufrago a un tablón de madera. Por su parte, Federico amaneció agarrado a la farola contigua a la puerta de su casa. Según le explicó a Olivia, se había perdido, estaba muy confuso y no encontraba el camino de vuelta, pero de repente oyó una voz que le decía:

—Federico, camina hacia la luz.

Y eso hizo, no dejándola escapar por si acaso.

Sus mujeres estaban indignadas con ellos, la vergüenza que les habían hecho pasar era inconmensurable, pues a Federico mucha gente lo vio abrazado a la farola, al igual que al primo durmiendo en la caseta de Tarzán, lo cual posiblemente derive en un apodo para su familia de esos que duran generaciones y generaciones («¿Tú eres la nieta del abrazafarolas? ¿Y tú la de Chita?»). Pero a esto había que añadir un hecho mucho más grave: la imagen del patrón del pueblo había amanecido portando una bufanda del Real Madrid, en un sitio donde incluso está prohibido casarse y hacer la comunión de blanco, y ellos dos eran los principales sospechosos. La madre de Olivia, persona sagaz con un poco de mala leche (producto de venta y consumo también prohibido en el pueblo), les propuso una manera de castigarlos.

Para ello, los interrogarían uno por uno, de tal forma que Federico y el primo no se pudieran comunicar. A cada uno de ellos le harían las siguientes propuestas:

- Si ninguno de los dos confesaba quién puso la bufanda al patrón, por la humillación familiar sufrida, durante 2 meses estarían a dieta para desintoxicarse de tan ajetreada noche. Una dieta en la que abundase todo aquello que contiene la palabra *eco, bio* y la letra *f,* como bífidus o tofu, pero excluyendo la fabada.
- Si uno de los dos confesaba y el otro, en cambio, no lo hacía, el delator no tendría que seguir la dieta ni un solo día, mientras que el acusado se sometería a ella durante 10 meses.
- Si ambos confesaban, entonces tanto uno como el otro seguirían la dieta durante 6 meses.

	Federico delata	**Federico no delata**
El primo delata	Ambos estarán a dieta durante 6 meses (-6, -6).	El primo se libra, mientras que Federico estará 10 meses a dieta (0, -10).
El primo no delata	El primo estará 10 meses a dieta, y Federico se libra (-10, 0).	Ambos estarán dos meses a dieta (-2, -2).

Expuesto el castigo, la suegra apostilló:

—Ya veréis como están 6 meses a dieta. Son unos egoístas.

El primer interrogado fue Federico. Este, con la mente fría y calculadora que lo ha llevado a la gloria del premio en cuya ceremonia de entrega se declaró a su mujer, razonó de la siguiente manera: «Si el primo elige delatarme, mejor lo delato yo también, y durante 6 meses los dos nos sometemos a la dieta, pues, si yo me callo, entonces me toca estar a dieta 10 meses. Pero, si el primo decide callarse, lo mejor que puedo hacer también es delatarlo y así me libro de comer verde 2 meses, que es el castigo que me toca cumplir si yo también me callo».

Tras esta reflexión, les dijo a su mujer y a la suegra:

—El primo puso la bufanda al patrón.

Por su parte, cuando al primo le fueron expuestas las condiciones, sin ninguna reflexión racional, sino movido por el miedo a su mujer, dijo:

—Federico puso la bufanda al patrón.

La suegra tuvo razón y los dos fueron castigados a 6 meses de dieta.

Aunque resulte paradójico, los dos eligieron la mejor opción que podían tomar, dada la decisión que tomara el otro: Federico, de manera razonada, y el primo, sin pretenderlo. Es más, ninguno de los dos podía mejorar su situación si de manera individual cambiaba de estrategia. Así, en el caso de Federico, si decide cambiar de opción (no delata) mientras que el primo mantiene la suya (delata), empeora su situación, dado que entonces estaría 10 meses a dieta. Resumiendo, que ambos se delaten es un equilibrio de Nash.

Si bien es cierto que, de haber mantenido ambos la boca cerrada, tan solo hubieran recibido un castigo de 2 meses. Pero tener la boca en esa posición requiere lealtad entre los acusados, un valor emocional pero no necesariamente racional.

En conclusión, en esta historia fundamentada en lo que se conoce como «El dilema del prisionero» (desarrollado originariamente por los matemáticos norteamericanos Merrill Flood y Melvin Dresher a mediados del siglo pasado), y como ya nos ha pasado en otras anteriores, se vuelve a poner de manifiesto un hecho inquietante y quizá más frecuente de lo que en principio pudiera creerse: que nadie nos puede asegurar que por tomar una decisión racional alcancemos el mejor resultado posible, y así, en este caso, el equilibrio de Nash no lo es.

¡POR UN JAMÓN, MATO!

Federico y el primo, cuyo nombre es Ceferino, estaban hastiados de la dieta vegetariana. Tenían sensaciones extrañas en su estómago, como si estuviesen creciendo raíces en él. Eso no podía ser sano, algo había que hacer... y lo hicieron.

Ceferino tenía una bodega donde colgaba los embutidos y salazones de la matanza que, año tras año, hacían por San Martín. Citó allí a Federico a medianoche, añadiendo a la invitación una petición: que llevara un cuchillo para dar buena cuenta de un jamón. Su impaciencia les hizo estar en el lugar convenido casi una hora antes.

Tras comerse más de medio jamón, dieron por terminado el festín, no por estar saciados, sino por el pan. El primo lo había cogido de la caseta de Tarzán, su san bernardo, y estaba tan duro que el dolor de sus mandíbulas les impedía seguir masticando.

Federico se preguntaba si no echarían en falta el medio jamón, y el primo le aseguraba que no, que ya vería como no. Y vio. Ceferino desapareció media hora, y se presentó con un cochino casi ya listo para ser transformado en chorizos, salchichas, panceta... y jamones, lo que se conoce en el argot como «destazado».

Ante la cara de asombro que puso Federico, dijo:

—No te preocupes, con esto tapamos el jamón que nos estamos comiendo y el otro que también nos vamos a comer.

A Federico aquello no le gustaba y se marchó para casa, no queriendo saber más de ese asunto.

Ni que decir tiene que el animal había sido desubicado por la fuerza de su hábitat, pero Ceferino no sabía que Abelardo, un buen hombre cansado de robos cuando ya tenía los cerdos bien cebados, con ayuda de un microchip y su iPhone podía localizar en el momento a sus animales. Era un simple juego de niños.

Federico, sin quererlo, se vio inmerso en un juicio, pero no como testigo, sino como acusado. Cuando el primo fue llamado a testificar, declaró que Federico fue el encargado de llevar el arma del delito, pasando por tanto a ser tratado por el Ministerio Fiscal como colaborador necesario, tal como lo tipifica el Código Penal, y, por tanto, a tener la misma responsabilidad que el presunto ejecutor de los hechos denunciados.

El fiscal, minutos antes del comienzo de la vista oral, y tras hablar con el abogado de Abelardo, ofreció un acuerdo a los dos acusados que evitara el juicio: se tenían que declarar ambos culpables e indemnizar a la acusación con 1000 dólares por el valor del animal, más disculparse ante Abelardo. En caso de no aceptar esta propuesta e ir a juicio, se enfrentaban a una petición de condena de un mes de privación de libertad más los 1000 dólares por el valor del animal.

	CEFERINOSEDECLARA CULPABLE	CEFERINOSEDECLARA INOCENTE
FEDERICOSEDECLARA CULPABLE	Acuerdo: cada uno, 500 $ + disculpas.	Ambos, a juicio.
FEDERICOSEDECLARA INOCENTE	Ambos, a juicio.	Ambos, a juicio.

Evidentemente, Ceferino estaba loco por aceptar el acuerdo. No tenía incentivos para declararse inocente, su culpabilidad era evidente y fácil de demostrar, no solo por el localizador que llevaba implantado la víctima, sino también por la dificultad que entrañaba convencer al juez de que fue el animal el que se abalanzó sobre el cuchillo, y no solo una vez, sino en repetidas ocasiones.

Por su parte, Federico también tenía que decidir entre las dos opciones:

- Declararse culpable (aceptar el acuerdo) y, por lo tanto, recibir un castigo seguro pero leve de 500 dólares y petición de disculpas.
- Declararse inocente e ir a juicio, en el cual se arriesgaba a ser condenado a prisión (a mayores de la sanción económica). La cuestión era estimar la probabilidad que para él tenía este suceso.

SENTENCIA	PROBABILIDAD
Culpable (multa y 1 mes de prisión)	P
Inocente	1-P

En el caso del primo, esta probabilidad era fácil de estimar. Como ya hemos dicho, en el juicio sería condenado

($p = 1$); en cambio, Federico tenía la posibilidad de salir absuelto, aunque nadie lo podía asegurar ($0 < p < 1$). Así, una simple declaración exculpatoria de Ceferino en su favor lo libraría de la cárcel y la correspondiente multa, pero ¿haría esa declaración? Quién sabe. El primo tenía un incentivo para inculparlo: pagar la sanción de 1000 dólares a medias A esta primera duda le surgió otra. El fiscal, en su despacho, cuando les estaba ofreciendo el acuerdo, hizo un comentario jocoso:

—Esta familia por un jamón mata.

Federico se dio cuenta de que este ya había montado la historia en su cabeza. En estas circunstancias, el fiscal posiblemente se quedase con las informaciones que favorecieran una reconstrucción de los hechos tal y como él considerara que habían transcurrido, y a pesar de una declaración exculpatoria por parte de Ceferino en su favor, era posible que el fiscal lo hubiera seguido manteniendo como imputado por su necesaria colaboración; al fin y al cabo, llevó el cuchillo.

Federico se declaró culpable. El miedo a ingresar un mes en la cárcel pesaba mucho, y, por poco probable que fuera, el impacto en su vida era demasiado grande, su objetivo era el Nobel.

Para ambos, declararse culpables para acogerse al acuerdo era la mejor estrategia a la que podían optar según sus expectativas. Si alguno decidía abandonarla, empeoraba su situación, arrastrando con ello al otro, dado que los dos acabarían en el banquillo, justo lo que no quería ninguno de ellos.

Curiosamente, en todo este razonamiento, la defensa de la verdad de su inocencia sencillamente ¡se ha obviado! No ha hecho acto de presencia, cuando realmente llevó el cuchillo solo para cortar jamón. Pero este hecho parece ser paradójicamente irrelevante.

Una vez acabada la vista, el primo dijo a Federico que no se preocupara por la sanción, él pagaría todo, y le dio las gracias por aceptar el acuerdo y renunciar a ser declarado inocente en el juicio, como muy probablemente hubiera sido de haberse celebrado, pues él hubiera hecho en su favor una declaración de exculpación; a fin de cuentas, eran familia.

Yo no sé qué decidiríamos si el destino nos llevara a una tesitura similar a la vivida por Federico, pero quizá muchos hubiéramos hecho lo mismo que él: declararnos culpables por muy inocentes que fuéramos, olvidándonos de buscar justicia para los hechos. Pero, como dice un dicho popular: «Más vale un mal acuerdo que un buen pleito».

Entonces, ¿es racional un sistema judicial que permita a los fiscales ofrecer acuerdos de este tipo a los acusados?

Tras todo este embrollo, y temiendo que volvieran a realizar otra locura de este tipo, sus mujeres tomaron la decisión de redimirles los 4 meses de dieta que aún les restaba por cumplir de penitencia a cada uno. Pero Rosalinda propuso una alternativa: que Federico y el primo se repartieran esos 4 meses que les faltaban. Uno propondría el reparto (cuánta condena tenía que cumplir cada uno), y el otro podía aceptar o rechazar dicha propuesta. Si aceptaba, cada uno cumpliría su parte según el reparto, pero, si la rechazaba, ambos cumplirían toda la pena a repartir; en este caso, 4 meses.

Así, por ejemplo, si Federico proponía un reparto de 1 a 3 y el primo aceptaba, esta sería la nueva duración del castigo para cada uno, pero, si rechazaba, entonces cada cual cumpliría los 4 meses que les quedaban.

Dejemos a nuestra imaginación cómo podría seguir el resto del relato, quedando por ello en el aire cuál fue la propuesta y si fue aceptada, pero sin olvidar un detalle: no están repartiendo un premio, sino un castigo.

LAS APARIENCIAS ENGAÑAN

Ceferino es ingeniero aeronáutico, pero no trabaja como tal desde que estuvo en la televisión. Participó en un famoso concurso, donde simplemente debía optar por abrir una de las tres puertas que le ofrecían. Tras dos de ellas, se ocultaban sendas cabras, y en la otra, un coche. Se llevó una cabra, y esta marcó su devenir. Le cogió tanto cariño al animal que hoy en día es pastor y tiene un rebaño de 600 cabras nada menos, incluso se cambió de nombre para estar más identificado con su nueva profesión, no podía ir por los mercados vendiendo cabritos presentándose como Borja Eduardo. Pero la vida de pastor no es tan idílica y bucólica como algunos pueden llegar a pensar, y a veces hay que tomar decisiones traumáticas. Sus cabras se vieron afectadas por una bacteria muy letal, que podía matar a todo el rebaño. Para combatir el maldito bicho, su veterinario le propuso dos alternativas:

- Si trataba a las cabras con A-moxicilina, 200 cabras se salvarían.
- Si las trataba con B-moxicilina, existía un 1/3 de probabilidad de salvar a todas, pero un 2/3 de que no lo hiciera ninguna de las 600 cabras.

La decisión estaba en manos de Ceferino, el veterinario haría lo que él dijese. Y nosotros ¿qué hubiéramos decidido?

Sea cual sea la respuesta, nuestro amigo optó por tratar a sus cabras con A-moxicilina, prefería asegurar la vida de doscientas antes que correr los riesgos entrañados por la otra opción.

Pero esta no fue la única decisión difícil y comprometida que hubo de tomar. Cuando ya se había repuesto del golpe recibido y volvió a tener un rebaño de 600 cabras, como todos los veranos, se las llevó en trashumancia a los pastos del norte. A los pocos días de estar allí, una nueva bacteria similar a la anterior se volvió a cebar con los pobres animales. Dada la distancia que lo separaba de su veterinario habitual, acudió a uno de la zona para que estudiara el caso. Y así fue. Le dio a elegir entre dos opciones:

- Tratar al rebaño con A-moxicilina, 400 cabras se morirían.
- Tratarlas con B-moxicilina, lo cual le daba 1/3 de probabilidad de que no muriese ninguna de las 600 cabras, y 2/3 de que lo hicieran todas.

La decisión final volvía a recaer en Ceferino, y, al igual que antes, pensemos cuál hubiera sido la nuestra.

Las reflexiones de nuestro pastor lo condujeron a decidir medicar a su rebaño con la B-moxicilina. Estando la situación tan mal, en la que casi todo el rebaño estaba perdido, al menos este tratamiento ofrecía una posibilidad de remontar sin tener bajas en su rebaño. Como él mismo dijo:

—¡Hay que arriesgarse!

Tras tomar la decisión, llamó a su veterinario habitual y le contó las alternativas tal y como se las había expuesto su colega. La contestación fue tajante:

—Entonces, habrás decidido igual que la otra vez, tratarlas con A-moxicilina, pues la situación es idéntica en resultados, solo que mi colega te la ha expuesto de otra manera.

—No te entiendo —contestó Ceferino.

—Pues muy sencillo: en la primera epidemia te dije que con la A-moxicilina se salvarían 200 cabras de las 600, y en esta segunda epidemia mi colega te ha dicho que con este antibiótico se mueren 400 de 600, es decir, de manera implícita, sobreviven 200. Los dos hemos dicho lo mismo, pero con diferentes palabras. De la misma manera que con la B-moxicilina te dije que se podían salvar todas con un tercio de probabilidad y ahora mi colega te ha dicho que esta es la probabilidad de que no muera ninguna. Los dos hemos vuelto a decir cosas iguales, pero con diferentes palabras. En resumidas cuentas, yo te presenté las alternativas en términos de «salvar vidas», y él, en términos de «cabras muertas», pero el resultado final es el mismo, aunque tú no hayas tomado la misma decisión, posiblemente influenciado por la diferente manera de expresarnos.

No sé si usted, como Ceferino, también hubiera elegido diferente tratamiento, pero, si ha sido así, debe saber que no está solo, también le ocurrió a la mayoría de la gente a la que en su día el ya citado nobel de

Economía Kahneman y su colega Amos Tversky propusieron un problema similar. Se conoce como el *framing effect* o «efecto de enmarque», un sesgo cognitivo según el cual la forma de plantear una cuestión o las palabras utilizadas influyen en la decisión que se tome. Las personas tendemos a evitar el riesgo cuando se presenta un marco positivo, pero buscamos riesgos cuando se presenta un marco negativo. Es por ello que, ante planteamientos de un mismo problema basados en uno u otro enfoque, tomemos decisiones diferentes. Así, en la primera epidemia, el veterinario de Ceferino le presentó las alternativas dentro de un marco positivo, «cabras que se salvan», y optó por la seguridad de salvar 200 animales, pero, en el segundo ataque de la bacteria, el otro facultativo expuso las alternativas bajo un marco negativo, «cabras que se mueren», y Ceferino decidió arriesgarse, le era desagradable imaginar cómo sus cabras se morían y tomó como opción la alternativa que le ofrecía posibilidades de evitar la tragedia.

Si nosotros fuéramos representantes de laboratorio de la A-moxicilina, hablaríamos en los términos del primer veterinario y, si lo fuéramos de la B-moxicilina, lo haríamos como el segundo. Qué fácil es manipular nuestra racionalidad…

YO, ROBOT

Hoy se presenta una mañana ajetreada en los juzgados centrales de Justice City. Como todos los días, iKant, juez del número tres, repasa con el secretario las vistas del día. La primera tiene como demandante a Ceferino, conocido en los juzgados por el asunto del cochino con Federico. Pero, en esta ocasión, nuestro buen pastor no era el imputado, sino quien reclamaba una indemnización por los daños sufridos en su rebaño cuando las cabras que sobrevivieron a la epidemia cruzaban unas vías ferroviarias en su viaje trashumante de regreso. Al parecer, tal y como reflejaba el sumario, un tren que viajaba a alta velocidad tuvo un fallo en su sistema de frenos que impedía detenerlo. Por la vía que circulaba, y a no mucha distancia, se encontraban cinco cabras salvajes atrapadas entre los raíles de la vía. Antes de llegar a ellas, el tren podía cambiar de vía, pero había un pequeño problema: en esta otra vía, también se encontraba retenida en sus raíles una cabra del rebaño de Ceferino. Era un tren experimental totalmente automatizado. El robot sustituto del tradicional maquinista tenía que tomar una decisión: o bien atropellaba a las cinco cabras ubicadas en su trayecto, o bien cambiaba de vía y solo se llevaba por delante una cabra. Como todavía era un artefacto experimental, ante cualquier emergencia el «maquinista robot» debía solicitar autorización al centro de control sobre la acción que iba a tomar. En este caso, le dieron luz verde.

Evidentemente, si Ceferino denunció ante la justicia los hechos, ya sabemos cuál fue la decisión del robot.

El juez iKant consideró la decisión tomada por la máquina (autorizada por su ingeniero) como adecuada, tal y como se podía leer en la sentencia: «Más vale salvar cinco cabras que una sola». Eso sí, ordenó a la compañía ferroviaria pagar el valor de la cabra. Caso fácil de resolver cuando se trata de animales.

Pero la segunda vista de la mañana, cuyo demandante también es Ceferino, era un poco más compleja de sentenciar, con una repercusión mediática y social del veredicto difícil de calibrar. De hecho, en este juicio, la sala estaba llena de periodistas y cámaras de televisión. Aunque pueda parecer inverosímil, se volvió a repetir el mismo incidente. La misma máquina del tren, el mismo ingeniero y las mismas vías vuelven a ser los protagonistas. Pero cambian dos cosas. La primera, en vez de cabras atrapadas en las vías, había personas de carne y hueso: cinco excursionistas, en la vía por la que circulaba el tren, y Ceferino, en los raíles de la vía alternativa. La segunda, la autorización del ingeniero solicitada por el «maquinista robot» no encontró respuesta, el humano se había quedado dormido en la sala de control, y el robot tuvo que tomar la decisión final. Ceferino demandó a la empresa ferroviaria por intento de asesinato. Se consideraba intento, pues justo en el momento que las ruedas del tren iban a contactar con la materia orgánica del pastor, un desprendimiento de rocas se interpuso entre ambas, consiguiendo detener el tren al instante. A veces, el destino juega buenas pasadas, y esta fue una de ellas.

Ya en el juicio, el abogado de la empresa ferroviaria alegó que era absurda una acusación de ese tipo:

—Señoría, lo primero, expresar ante este tribunal la alegría que nos produce el feliz desenlace de los hechos que nos han traído hasta aquí, pero, dicho esto, es absurdo acusar a mi cliente por intento de asesinato. En una situación tan extrema como la acontecida, cualquiera de los presentes en esta sala hubiera tomado la misma decisión que mi cliente, era elegir entre salvar una vida humana o cinco. Todos nosotros preferimos leer en las páginas de un periódico: «Una persona pereció y cinco salvaron la vida en un accidente ferroviario», frente al hecho contrario: «Una persona se salvó y cinco perdieron la vida». Aunque es triste la pérdida de una vida humana, para el conjunto de nuestra sociedad aporta más pena y tristeza la pérdida de cinco. Fue una decisión acorde con un concepto de sociedad moderna y solidaria donde el bien común es un valor fundamental, donde el bienestar de todos prima sobre el particular, y, en aras del mismo, decisiones como la tomada en este caso son plenamente racionales y consecuentes con esa idea. Aunque todos podemos llegar a comprender que despierta un mayor sentimiento de arrepentimiento y, por tanto, de culpa la acción que la omisión, en este caso hubiera sido un acto irracional haber decidido no cambiar el tren de vía. Si en el juicio anterior, cuyos hechos eran idénticos a los acontecidos, pero con cabras, el propio juez iKant ha considerado la decisión de cambiar de carril como idónea, cómo no pensarlo también en este caso, donde las posibles víctimas, aparte de carne y hueso, como los pobres animales, también tienen alma. Si Dios existe, ¿no preferirá ver cómo un alma es capaz de sacrificarse para salvar a cinco, a ver perecer estas cinco porque una sola se salve? Este no es un juicio contra una empresa de ferrocarril, sino contra una forma de entender la sociedad. Dicho esto, solo quiero hacer dos preguntas al demandante.

Levantó un dedo y, dirigiéndose hacia Ceferino, dijo:

—Si las cinco personas que estaban atrapadas en la otra vía hubieran sido su mujer, sus hijos y sus padres, ¿habría demandado a la empresa del ferrocarril por desviar el tren?

El silencio en la sala fue total, que fue roto por el propio abogado cuando dijo:

—No hace falta que responda, intuyo la respuesta, pues estoy convencido de que no le hubiera importado sacrificarse por su familia, pero, cuando es sacrificarse por otros seres humanos a los que no conoce, la cosa cambia, prueba de ello es este juicio.

A continuación, el letrado levantó dos dedos en alto para formular su segunda pregunta:

—Si, como le dije antes, las cinco personas que estaban atrapadas en los raíles fueran sus familiares más queridos y en la otra vía, en vez de haber estado usted, hubiera estado otra persona cualquiera, ¿habría demandado a la empresa del ferrocarril por desviar el tren, o lo hubiera hecho por no desviarlo?

De nuevo, la ausencia de ruido invadió el recinto.

—Tampoco es necesario que me conteste —dijo el abogado con un porte y una seguridad propios de quien domina una situación.

Nada más volver a su asiento, un directivo de la empresa ferroviaria le dijo:

—Gracias, has estado impecable e implacable.

En este escenario de buenismo social, el abogado de la acusación se puso en pie desde su silla con ganas de plantar batalla y ganar la guerra. Llamó al estrado al ingeniero creador y controlador del «maquinista robot» para hacerle solo nueve preguntas.

Primera pregunta:

—¿Ustedes tenían la certeza de que en una vía había una persona atrapada y en la otra cinco?

—Sí —respondió el ingeniero—. Las cámaras de control de vías enviaban al «maquinista robot» de la locomotora esa información.

Segunda pregunta:

—Mi cliente, el condenado a muerte por usted sin haber cometido delito, ¿estaba atrapado en vías enclavadas en el trayecto a seguir por el tren experimental?

—No —contestó el ingeniero.

Tercera pregunta:

—Por tanto, ¿el «maquinista robot» tuvo que tomar la decisión de encaminar el tren hacia la vía donde se encontraba mi cliente y ejecutar una acción para ello?

La respuesta no dio lugar a dudas:

—Sí, pulsar el botón rojo de cambio de raíl, como efectivamente hizo.

Cuarta pregunta:

—Si no se hubiera dormido, ¿habría confirmado la decisión tomada por el robot?

—Por supuesto que sí, el algoritmo de decisión del robot está diseñado por mí. Como científico que soy, no puedo ir en contra de la racionalidad, y menos cuando programo un robot, este no entendería las incoherencias de razonamiento, estaría creando una máquina con problemas robopsicológicos, como diría Isaac Asimov. Si programo en el robot una escala según la cual salvar dos vidas vale más que salvar una, salvar tres vale más que dos…, debo establecer como norma a seguir que es preferible salvar cinco vidas a una.

Quinta pregunta:

—Si no se hubiera dormido, ¿habría solicitado permiso a mi cliente para desviar el tren en su dirección, informándole de las consecuencias de su decisión, o, por el contrario, decidiría usted sobre su destino como si tuviera derecho a ello?

—No, no solicitaría permiso —contestó el ingeniero.

Sexta pregunta:

—Si el mejor virólogo del mundo, que está a punto de encontrar una vacuna contra la malaria que salvaría millones y millones de vidas, hubiese sido quien estuviera en la vía en lugar de mi cliente, entonces, ¿usted habría confirmado el cambio de vía, o hubiera considerado, por el bien de la sociedad, que su vida vale más que cinco?

—Posiblemente, sí —fue la respuesta.

Séptima pregunta:

—¿Cómo sabía el «robot maquinista» que mi cliente no era ese virólogo?

Octava pregunta:

—Y si hubiese sido usted el que hubiera estado atrapado en la vía, en vez de mi cliente, y el robot le hubiera pedido confirmación para desviar el tren hacia dicha vía, ¿se la habría dado, o ahora la racionalidad es algo secundario?

No hubo respuesta por parte del ingeniero a estas dos últimas preguntas.

Novena pregunta:

—Y si la persona que estaba atrapada en la vía por la que no tenía previsto transitar el tren hubiera sido la madre que lo parió, ¿hubiese confirmado la decisión del robot y, por tanto, ejecutado a su propia progenitora, o, por el contrario, aflora de repente en usted la emotividad?

Tampoco esta pregunta encontró respuesta.

—En resumidas cuentas —dijo el abogado—, usted es quien decide lo que está bien y lo que está mal, el valor que tiene cada persona en la sociedad, y se autoconcede el derecho a disponer de su vida si con ello la sociedad sale beneficiada en su conjunto. Para usted, el fin justifica los medios.

Y dirigiéndose a los presentes en la sala, preguntó:

—¿Se irían ustedes a recorrer el mundo o a tomar como socia en un negocio a una persona con el perfil humano que representa el ingeniero y su abogado? ¿Cómo sería una sociedad dominada por este tipo de personas? ¿Volverían a implantar la esclavitud si eso es beneficioso para su sociedad?

Con esta pregunta, el abogado de Ceferino terminó su intervención.

La verdad es que, después de escuchar al abogado de la acusación, el juez iKant estaba confuso, se trataba de personas y no de cabras, animales a los que consideramos perfectamente sustituibles unos por otros; por lo cual, la sentencia sobre el incidente entre las cabras de Ceferino y el tren no es una referencia válida, la decisión que en ese asunto tomó la máquina y confirmó el ingeniero era racional y satisfaciente. Eso sí, ¡pagando la cabra!

El juez se retiró a deliberar en solitario la sentencia. Al ver que tardaba demasiado tiempo en regresar, el secretario se acercó a su despacho. Según se acercaba a la puerta, se percibía con más intensidad un olor a motor quemado. Al abrir la puerta, vio como iKant, el juez cuyo nombre completo era iKant mod. 1144 serie A, echaba humo por las orejas simuladas, pues realmente escuchaba por unos nanomicrófonos distribuidos por la placa base. Era una pena que el experimento del «robot juez» acabara de esta manera. Había sido diseñado para tomar decisiones estrictamente racionales donde la emotividad e la irracionalidad quedasen anuladas. Cuando los ingenieros analizaron la información guardada en su memoria, se dieron cuenta de que la causa del cortocircuito fue un problema psicorrobótico. Él estaba diseñado para cumplir las tres leyes de la robótica de Asimov:

1. Un robot no hará daño a un ser humano o, por inacción, permitirá que un ser humano sufra daño.
2. Un robot debe obedecer las órdenes dadas por los seres humanos, excepto si estas órdenes entrasen en conflicto con la 1.ª ley.
3. Un robot debe proteger su propia existencia en la medida en que esta protección no entre en conflicto con la 1.ª o la 2.ª ley.

Estas leyes impedían al juez iKant mod. 1144 serie A valorar racionalmente la actuación de su congénere, el «robot maquinista», fruto de lo cual empezó a dar vueltas sin parar alrededor de la mesa del despacho hasta que sus circuitos se sobrecargaron fundiéndose como la mantequilla en una sartén.

Lo que sí saben los ingenieros son sus últimos pensamientos antes de suceder la barbacoa de silicio en la que se convirtió su procesador. A modo de mantra, no paraba de repetir:

—No soy emotivo, no comprendo a los humanos.

Moraleja. Cuidado con el nuevo coche que nos compremos, a lo mejor aparca solo, quizá pueda circular con piloto automático por las autopistas o detenerse inmediatamente ante un obstáculo inesperado, pero ¿sabemos cómo reaccionará en casos extremos? Así, al llegar a un semáforo en verde que está cruzando imprudentemente un niño o un anciano, ¿se detendrá si no llevamos puesto el cinto? ¿Y si, pegado al culo del coche, llevamos un camión? ¿Está programado bajo el principio de que el fin justifica los medios, o por su contrario? Resulta inquietante imaginar un mundo regido por máquinas, ¿sería más racional o, paradójicamente, más irracional?

SOY EL + BRUTO

Federico y Ceferino, después de los avatares pasados uno en compañía del otro, mantenían una buena relación de amistad y, como no hay dos sin tres, decidieron acudir a las fiestas de San Homecio, un pequeño pueblo cercano a Montecabras de Arriba y alejado de la influencia urbana, pero no de los urbanitas que todos los años acudían en masa a presenciar el famoso concurso que en ese apartado rincón del mundo tenía lugar. Estaba declarado de interés turístico y cultural, y como prueba del apoyo institucional, era retransmitido en directo por la televisión regional, bajo el nombre «Soy el + bruto». Con esa denominación, no había lugar a dudas sobre su temática. En él solo podían participar mayores de edad empadronados en el pueblo (antes se pedía que también hubieran hecho la mili). A los aspirantes a tan honorable título se les sometía a tres pruebas.

Como no hay bruto que no alardee de su fuerza, la primera prueba era de levantamiento, pero no de piedras, como se podía esperar, sino de codo. Un auténtico bruto tiene que ser capaz de beber como una esponja, pero sin emborracharse, eso es de flojos. La bebida elegida para tal fin, el vino, y el modo de verificar la ausencia de embriaguez tras cada vaso ingerido no era el tradicional de caminar sobre una línea recta pintada en el suelo, sino la lectura clara y audible de un breve párrafo de *La crítica de la razón pura,* de I. Kant, que una cosa es ser bruto y otra ser inculto; eso sí, no era necesario comentarlo a continuación.

La segunda prueba era gastronómica. Si hay algo que también diferencia a un genuino bruto del resto de seres, es su capacidad para ingerir grandes cantidades de comida de una misma cosa; así, y al más puro estilo de Paul Newman en la película *La leyenda del indomable,* la prueba consistía en comer la mayor cantidad posible de huevos cocidos (sin cáscara).

Y ya que estamos hablando de este alimento, el concurso terminaba con una prueba de valor, rindiendo tributo a dicho producto con la frase «A que no hay...», en este caso, para saltar desde el punto más alto posible de la escalera que subía al campanario de la iglesia. El alcalde de San Homecio se vino arriba mientras explicaba esta última prueba a la reportera de televisión y dijo:

—En otros pueblos y en otros tiempos se tiraba una cabra, pero eso lo hacían porque no tenían lo que hay que tener para tirarse ellos con la cabra, como lo hacíamos nosotros. Yo un año gané y desde entonces ando con muletas, pero eso no importa, nadie ha saltado desde más alto que yo. Pero ya sabe usted que los tiempos han cambiado, y vinieron los ecologistas protestando y acusándonos de maltrato animal. Y como en este pueblo somos comprensibles con todas las sensibilidades, el Ayuntamiento quiso hacer un guiño a aquellas personas tan preocupadas por los animales, y decidimos seguir tirándonos..., pero sin la cabra. Desde entonces, no han vuelto a protestar.

De las veinte personas que empezaron el concurso, seis se emborracharon; de las catorce restantes, la mitad se indigestó, y de los siete que saltaron, cuatro tuvieron alguna fractura en el salto de calentamiento, debiendo abandonar la competición. En resumidas cuentas, solo consiguieron terminar las tres pruebas tres concursantes. En una pizarra colgada en el balcón del ayuntamiento, estaban anotados sus resultados:

	Gastronomía (n.º huevos)	**Fuerza (centilitros)**	**Valor (metros)**
Agapito	20	140	9
Bonifacio	15	200	8
Clodomiro	10	170	10

La verdad es que no era fácil proclamar un campeón. Agapito fue el que más huevos se comió; Bonifacio, quien más bebió sin perder los papeles, y Clodomiro, el más valiente, se tiró desde 10 metros de alto. Además, la cosa se complicaba aún más, pues a su vez cada uno era el segundo y el tercero en las otras disciplinas:

	Gastronomía	**Fuerza**	**Valor**
Agapito	Primero	Tercero	Segundo
Bonifacio	Segundo	Primero	Tercero
Clodomiro	Tercero	Segundo	Primero

Pero solo uno podía ser el campeón y tener el honor de poder decir con orgullo: «Yo soy el + bruto». El alcalde tenía miedo de la reacción de los otros dos concursantes, pues, en estos casos, la razón está supeditada a la fuerza, teniendo más de la primera quien más demuestre tener de la segunda.

Como normalmente somos capaces de predecir todo lo que puede ocurrir, menos lo que luego realmente acaba ocurriendo, la comisión de festejos, organizadora del concurso, no había previsto un triple empate con estas características, pero era necesario y urgente proclamar un campeón basándose en una decisión justa, fácil de justificar y comprensible para todos. Nadie quería asumir la responsabilidad, por si acaso, ni tan siquiera el cura del pueblo se ofreció voluntario, y eso que fue animado por el alcalde.

Pero apareció Federico en escena y se ofreció voluntario para mediar en el problema; evidentemente, en contra de la opinión de Ceferino, que conocía cómo se las gastaban los del pueblo de al lado.

Para empezar, reunió al alcalde, concejales y a los propios afectados, los concursantes. Tras poner nombre al problema, conocido por la «paradoja de Condorcet», les propuso sintetizar en un solo número los resultados de las tres pruebas de cada aspirante, de tal forma que sería proclamado ganador quien mayor puntuación obtuviera. Todos, en principio, parecían estar de acuerdo. Evidentemente, el alcalde, como responsable en última instancia y persona curiosa por naturaleza, calificado por algunos como «meticón», preguntó:

—¿Y cómo se puede hacer eso?

Federico respondió:

—Muy fácil, adaptaremos a este concurso el método que seguía la Organización de Naciones Unidas en el cálculo del Índice de Desarrollo Humano (IDH).

Estas palabras sonaron a música celestial en la cabeza del alcalde, y Federico continuó con su exposición.

—Solo hay que seguir unos pasos. Vamos a comenzar añadiendo un cuarto finalista ficticio a los tres en litigio, y en cada prueba le vamos a asignar la peor puntuación que los tres finalistas de carne y hueso han obtenido en ella. A este nuevo jugador lo vamos a llamar el Milindris, pues será el que menos beba, el que menos coma y el que menos valor demuestre.

	Gastronomía (n.º huevos)	**Fuerza (centilitros)**	**Valor (metros)**
Agapito	20	140 (mínimo)	9
Bonifacio	15	200	8 (mínimo)
Clodomiro	10 (mínimo)	170	10
Milindris	10	140	8

De esta manera, cuanto más distanciados estén nuestros tres finalistas de este «peor concursante», más brutos son, y el que más alejado esté será proclamado ganador. Todos parecieron estar de acuerdo, ¡cuanto más distanciados del Milindris, mejor!

Federico anotó en una tabla las distancias que separaban a cada uno de los tres concursantes del ficticio jugador en las distintas pruebas:

	Gastronomía (n.º huevos -10)	**Fuerza (centilitros -140)**	**Valor (metros -8)**
Agapito	20 - 10 = 10	140 -140 = 0	9 - 8 = 1
Bonifacio	15 - 10 = 5	200 - 140 = 60	8 - 8 = 0
Clodomiro	10 - 10 = 0	170 -140 = 30	10 - 8 = 2

Al observar las anotaciones de Federico en la pizarra, el alcalde dijo:

—Muchacho, todo sigue igual, se sigue dando esa paradoja que tú has dicho de nombre afrancesado.

Y Federico respondió:

—La paciencia es una virtud, no hemos acabado. Para poder comparar y agregar las distancias de cada jugador al Milindris en las distintas pruebas, todas tienen que estar en la misma escala, cada punto de cada prueba tiene que valer lo mismo, y ahora no lo están: una viene medida en n.º de huevos; otra, en centilitros, y la última, en metros, y un huevo no es equiparable a un metro o a un centilitro. Esto es fácil de comprender.

Dirigiéndose de nuevo al alcalde, dijo:

—Si le pregunto qué prefiere usted tener en su cartera, 100 rupias indias y 2 dólares americanos, o 50 rupias y 5 dólares, no se le ocurriría decir que prefiere la primera combinación a la segunda, porque tiene 102 billetes frente a los 55 de la otra. Más bien, llevaría todo el dinero a una misma moneda, como puede ser el euro, y luego me respondería. Como 100 rupias es algo menos de 1,5 euros y un dólar son unos 0,9 euros (a fecha de hoy), es evidente que usted es más rico si elige la segunda combinación, aunque tenga menos billetes.

El alcalde asintió con la cabeza, y Federico prosiguió:

—En el caso que nos ocupa, las matemáticas nos dicen que esto lo podemos hacer dividiendo cada distancia al Milindris por la correspondiente diferencia entre la puntuación máxima y la mínima de cada prueba. De esta manera, todas las puntuaciones quedan en una misma escala que varía entre 0 y 1; cuanto más próximo al 1, más alejado del ficticio concursante, y, cuanto más próximo a 0, más cerca.

Federico volvió a anotar en la pizarra los resultados anteriores en la nueva escala de medida común para todas las pruebas:

	Gastronomía (n.º huevos)	**Fuerza** (centilitros)	**Valor** (metros)
Agapito	10/(20-10) = 1	0/(200-140) = 0	1/(10-8) = 0,5
Bonifacio	5/(20-10) = 0,5	60/(200-140) = 1	0/(10-8) = 0
Clodomiro	0/(20-10) = 0	30/(200-140) = 0,5	2/(10-8) = 1

Pero el alcalde seguía intrigado con el asunto, pues, al ver la tabla, continuaba sin percibir solución alguna:

—Muchacho, no veo cambios. Si sumamos las nuevas puntuaciones de cada jugador, resulta que suman lo mismo, se sigue dando un triple empate. Al final, vamos a tener que decidir a cara o cruz.

—Tiene razón, señor alcalde —respondió Federico—, pero, antes de sumar las puntuaciones estandarizadas, hay que hacer un juicio de valor, y esta es la parte más delicada del asunto. Para usted, ¿quién está más alejado de la mediocridad: el ganador de una prueba donde todos han sacado puntuaciones próximas entre ellas o el de una donde esas puntuaciones están más dispersas?

—En el segundo caso, donde hay diferencias más grandes entre sus puntuaciones, porque les ha dado a todos una buena zurra —dijo el alcalde.

—Pues no se hable más —respondió Federico—, esta valoración la tendremos en cuenta a la hora de sumar las puntuaciones de cada jugador en las distintas pruebas. Y las matemáticas nos vuelven a dar una medida para cuantificar ese juicio de valor: el coeficiente de variación (CV), cuanto más alto sea su valor, mayor es la variabilidad de las puntuaciones con respecto a su media..., y sepa que es una medida utilizada en los estudios de desigualdad y pobreza.

—Vale, vale, muchacho, no siga dándome explicaciones, que son fiestas y no estoy para matemáticas, que además nunca me han gustado. Haga sus cuentas y dígame quién es el ganador.

Y así hizo.

	Gastronomía (CV = 0,27)	**Fuerza (CV = 0,14)**	**Valor (CV = 0,09)**
Agapito	1 x 0,27 = 0,27	0 x 0,14 = 0	0,5 x 0,09 = 0,045
Bonifacio	0,5 x 0,27 = 0,135	1 x 0,14 = 0,14	0 x 0,09 = 0
Clodomiro	0 x 0,27 = 0	0,5 x 0,14 = 0,07	1 x 0,09 = 0,09

	Total*
Agapito	0,315
Bonifacio	0,275
Clodomiro	0,16

* Esta puntuación donde queda resumido todo el procedimiento descrito está calculada de acuerdo a la distancia D_J, definida por A. Hernández Jiménez. Así, si disponemos de k-observaciones t-dimensionales, entonces la distancia D_J de una observación *j* a un vector de referencia se define como:

$$D_J = \sum_{i=1}^{t} \frac{|X_{ij} - X_{ri}|}{R_{MAXj}} |CV_i|^{\alpha}$$

donde:

X_{ij} = valor que toma la observación *j* en la variable *i*; *j* = 1, 2… *k*; *i* = 1, 2… *t*.

X_{ri} = valor base de referencia de la variable *i*.

CV_i = coeficiente de variación de la variable *i*, y α es una constante que recoge un juicio de valor sobre la dispersión. En el caso del concurso $\alpha = 1$.

R_{MAXj} = Máximo $\{| X_{MAXi} - X_{ri} |;| X_{MINi} - X_{ri} |\}$ siendo X_{MAXi} y X_{MINi} los valores máximos y mínimos de la variable *i*.

En definitiva, la prueba con más peso fue la gastronómica (CV = 0,27), pues es donde más diferencias (variabilidad) hubo entre los aspirantes; de hecho, el ganador se comió el doble de huevos que el tercero. Por el contrario, la más igualada fue la de valor. Teniendo en cuenta esto, el ganador fue Agapito, él será quien porte orgulloso durante un año la corona que lo distingue como «el + bruto».

Y ello gracias a las matemáticas, una ciencia que ayuda tanto a domar nuestra irracionalidad como a ponerla al descubierto. Posiblemente, dicha ciencia sea la herramienta más racional creada por el hombre, pero quizá un poco tarde, pues mira que Adán y Eva tenían infinitos árboles para escoger infinitos frutos, pero decidieron coger un solo fruto de un árbol concreto, el de la ciencia del bien y del mal. En el fondo, Dios les dio a elegir entre comer de uno, arriesgándose a morir por ello, o de infinitos sin ningún riesgo. ¿Y acaso en esta disyuntiva no es irracional optar por lo primero? Es una elección ineficiente en el sentido de Pareto; evidentemente, concepto desconocido para la feliz pareja, que sí conocía la emoción producida por correr el riesgo. Y la que liaron, así hemos salido el resto, orgullosos de hacer concursos como el de San Homecio, pues, a pesar de su carácter ficticio, es representativo de muchos actos nuestros.

POR CULPA DE LA TELE

Pero la fiesta no acabó aquí. El alcalde rápidamente cogió gusto a las cámaras, no paraba de intentar salir en cualquier plano, ponía una medio sonrisa con las manos unidas por las yemas de los dedos delante de su lucida barriga; era una posición que había observado en todos los líderes políticos, fueran del partido que fueran, y si estos la utilizaban, sería por algo. Cuando la reportera lo solicitó para despedir el programa, el alcalde, para sorpresa de muchos, declaró:

—Gracias a todos y a todas por acudir a las fiestas de San Homecio, nos llena de orgullo y satisfacción acogerles y tratarles con todo nuestro cariño. Por eso, el Ayuntamiento en pleno ha pensado que los 20.000 dólares del premio a repartir entre los tres finalistas del concurso sean compartidos con uno de ustedes, además en condiciones privilegiadas; tan solo tiene que proponer cómo se reparten entre él y los tres finalistas esa jugosa cantidad de dinero. Puede proponer el reparto que quiera, nadie tomará represalias; lo único, un pequeño detalle: los cuatro, los tres finalistas del pueblo y el forastero, votarán si aceptan o rechazan la propuesta de reparto; en caso de empate, el voto del forastero vale doble, es un voto de calidad, como no podía ser de otra manera, teniendo en cuenta su condición de invitado. Si la propuesta se acepta, cada uno se lleva lo establecido en la misma, pero, si es rechazada, entonces el forastero se subirá al campanario y se tirará desde 10 metros, altura del ganador de la prueba de valor. En caso de producirse este primer rechazo, a continuación se volvería a repetir todo el procedimiento, siendo el ganador del concurso (Agapito) quien asumiría el papel del forastero y, por tanto, el encargado de hacer la propuesta, con las mismas normas y consecuencias. Si esta segunda oferta es también rechazada, el segundo clasificado (Bonifacio) tomará el relevo del ganador del concurso y será quien haga la propuesta definitiva, que será aceptada inevitablemente por el tercer clasificado, y, por supuesto, están prohibidos los acuerdos fuera del juego para repartirse el dinero. Como alguno lo haga..., mejor me callo las consecuencias. A ver, ¡que levanten la mano aquellos que se animen a proponer un reparto y ser el agraciado!

En esos momentos, la reportera estuvo por corregir al alcalde y decirle: «¿Habrá querido decir "desgraciado"?».

Pero nunca falta un roto para un descosido, y más si recordamos que Federico estaba en las fiestas. Levantó su brazo y tuvo la ¿suerte? de ser el elegido por el alcalde.

Su propuesta fue de 19.999 dólares para él y el dólar restante para el segundo clasificado. Todo el mundo se quedó perplejo con la propuesta de Federico, no por dejar a dos de los aspirantes al «+ bruto» sin premio, y más siendo uno de ellos el ganador, ¡es que pretendía quedarse prácticamente con todo el premio!

Votaron la propuesta y esta fue... (Como estaba la televisión, el resultado se conocería después de la publicidad). Mientras se pasaba, y temiendo que luego no hubiera ocasión para ello, la reportera se acercó a Federico para entrevistarlo, quería saber cómo se le había ocurrido hacer esa locura de propuesta. ¿O acaso sabía volar?

—Mira, no ha sido una locura, sino todo lo contrario, un acto de cordura y racionalidad —dijo el aspirante al Nobel—. He supuesto tres cosas sobre el comportamiento de los involucrados en el reparto. La primera, que todos queremos sobrevivir como algo prioritario y, por lo tanto, evitar saltar desde el campanario. En segundo lugar, supongo que nos gusta acumular la máxima cantidad de dinero posible. Y por último, como humanos que somos, tenemos mala leche, y entre dos situaciones en las que podemos ganar lo mismo pero una de ellas tiene el valor añadido de fastidiar al prójimo mientras la otra no, preferimos la que lleva incorporada la maldad. A partir de aquí, la clave de mi razonamiento radica en realizar un análisis hacia atrás, comenzando desde el final, es decir, suponiendo que rechazan mi oferta; posteriormente, también la del ganador del concurso, y llegando, por tanto, el turno hasta Bonifacio.

Propuesta Federico	**Propuesta Agapito**	**Propuesta Bonifacio**	**Clodomiro**
Rechazada	Rechazada	20.000 $	0 $

»En este escenario, los 20.000 dólares se tienen que repartir entre este (segundo clasificado) y Clodomiro (tercero). Como Clodomiro tiene que aceptar obligatoriamente la propuesta de Bonifacio, sabe que no recibirá ni una moneda.

»Si rechazan mi propuesta y para el reparto quedan Agapito (ganador del concurso), Bonifacio y Clodomiro, es racional pensar que Agapito ofrezca a Bonifacio 0 dólares y a Clodomiro 1 dólar, pues, como este gana más aceptando esta propuesta que la de Bonifacio, votará a su favor.

Propuesta Federico	**Propuesta Agapito**	**Bonifacio**	**Clodomiro**
Rechazada	19.999 $	0 $	1 $

»Aquí podíamos pensar: «¿Por qué no dar 0 dólares también a Clodomiro? Total, es lo mismo que le iba a dar Bonifacio». Pero, si hace esto, por fastidiar, votaría en contra de Agapito, así vería como este se quedaba fuera del reparto y saltaba desde el campanario.

»Por lo tanto, si en mi propuesta le doy 1 dólar a Bonifacio, este sabe que es la única forma de ganar algo y su voto sería favorable, que, junto con el mío, por ser de calidad, hace que mi oferta sea aceptada.

Propuesta Federico	**Agapito**	**Bonifacio**	**Clodomiro**
19.999 $	0 $	1 $	0 $

»También podría ofrecer 1 dólar a Clodomiro, en vez de a Bonifacio, pero ese dólar lo puede ganar con el reparto de Agapito, y votaría en mi contra para disfrutar con mi salto desde el campanario. Ya verás como tengo razón.

Quienes lo estaban viendo por la tele eran Olivia, Rosalinda y Lucas. Su mujer no daba crédito:

—Con lo racional que es Federico, cómo se le ocurre hacer semejante estupidez, por 1 dólar lo hacen saltar seguro.

Rosalinda apuntilló:

—No te preocupes, que está Ceferino, y seguro que lo lleva rápido al veterinario... Perdona, hija, quise decir al hospital.

La mente de su madre le jugó una mala pasada, consideraba la propuesta realizada por su yerno propia de un ser vivo que debiera ser atendido por el primero; aunque tampoco la pilló de sorpresa, desde el principio se acordaba con todo detalle del incidente de las maletas extraviadas en el aeropuerto y de aquella manera de razonar hacia atrás que la llevó a no recibir 1 dólar de indemnización.

Por su parte, Lucas no se atrevió a decir nada, solo pensó: «Ni los propios creadores intelectuales del *homo economicus* hubiesen sido capaces de hacer lo que ha hecho mi cuñado».

Acabada la pausa publicitaria, conectaron otra vez con la plaza del pueblo, y se vio la imagen de Federico subiendo por la escalera del campanario todo decidido y al primo atento debajo del campanario, dispuesto a cogerlo. Pero, antes de que llegara a su destino, el alcalde cogió un megáfono y le dijo.

—¡Baja para abajo! Estás indultado por valiente, y es más, como soy el alcalde, he decidido darte el título honorífico de bruto adoptivo del pueblo, porque hay que serlo para hacer la propuesta que tú has hecho. No te preocupes, que yo también era así, y ahora mira quién soy.

EL REY DEL PAN

El alcalde de San Homecio era todo un personaje, lo apodaban el Rey del Pan. Su tatarabuelo ya era panadero y, generación tras generación, el oficio siempre había encontrado en la familia un sucesor. Cuando tomó las riendas del negocio, la panadería era un pequeño horno de leña que daba mucho trabajo y poco dinero, pero hace años una conversación con un turista que visitaba el pueblo cambió radicalmente el escenario. El alcalde gustaba de enterarse de todo y no dudó en preguntar al buen hombre cuál era su oficio. A este no le importó satisfacer su curiosidad:

—Trabajo en una fábrica de salchichas para perritos calientes y filetes de hamburguesa… A lo mejor le resulta conocida, se anuncia mucho.

Como la satisfacción de una curiosidad despierta otra, el alcalde dio un paso más en su interrogatorio:

—¿Y come usted de esos productos? Pues aquí en el pueblo nos va más sacar el chorizo y el lomo de la olla.

La respuesta fue toda una revelación:

—Sí, por supuesto…, hasta que aprendemos a fabricarlos sin carne.

El alcalde meditó la sorprendente respuesta y la implementó en su negocio. Modernizó todo el obrador, sustituyó la cara harina por la barata química, y su cuenta corriente empezó a crecer como las magdalenas en el horno. De hecho, comenzó su carrera política hacia la alcaldía tras alcanzar este acomodo económico.

Pero siempre hay alguien dispuesto a destronar al rey, aunque sea del pan, y corrió el rumor sobre la intención que un urbanita deseoso por cambiar de vida tenía de instalarse en San Homecio montando un pequeño obrador. De momento, ya había hablado con el secretario del Ayuntamiento para informarse sobre los permisos necesarios.

Ello preocupa al alcalde, que desde hace unos años disfrutaba del monopolio del negocio del pan en la comarca, donde, con el paso del tiempo, los otros obradores fueron cerrando por falta de relevo generacional. No quería perder esta posición ventajosa y privilegiada, pero no sabía muy bien qué hacer llegado el caso, si declarar una guerra comercial al potencial intruso o compartir el mercado con él.

Antes de tomar una decisión al respecto, el alcalde quiso escuchar la opinión de alguien más, pues, como buen rey, gusta de dejarse aconsejar por cortesanos, quedándose con los argumentos de aquellos que lo aconsejan hacer lo que él, sin saberlo conscientemente, ya tiene decidido.

Federico causó un gran impacto en el monarca, por su extravagante y desconocida forma de razonar; así que lo invitó a comer para escuchar su parecer sobre el tema.

Tras comerse un cuarto de asado cada uno, el alcalde, con rostro serio, le dijo:

—Tengo un problema. Soy el único panadero del pueblo, pero quizá me salga un competidor y no sé qué debo hacer, si compartir la tarta con él o impedir que meta la cuchara en San Homecio bajando los precios. Si decide abrir el obrador y yo no los bajo, generaríamos unos 10.000 dólares cada uno, pero, si decido bajarlos, yo vería reducido a la mitad este dinero, 5000 dólares, y él tendría unas pérdidas de 1000 dólares. Si por contra decide no meterse a panadero, evidentemente los 20.000 dólares que se gastan los de mi pueblo en pan van a parar a mis arcas. Además, me ha soplado el secretario que también baraja la posibilidad de abrir un pequeño negocio para fabricar jabones naturales si no abre la panadería, lo que le reportaría unos 4000 dólares.

Federico meditó la respuesta, tomó una servilleta de la mesa y en ella escribió los distintos escenarios a que podían dar lugar las decisiones de ambos:

<table>
<tr><th></th><th>ENTRA UN NUEVO COMPETIDOR</th><th>NO ENTRA UN NUEVO COMPETIDOR</th></tr>
<tr><th>EL ALCALDE ESTÁ DISPUESTO A COMPARTIR EL MERCADO</th><td>Reparto de mercado. Cada uno gana 10.000 dólares (10.000; 10.000).</td><td rowspan="2">El alcalde gana 20.000 dólares, y el intruso, 4000 dólares en otro negocio (20.000; 4000).</td></tr>
<tr><th>EL ALCALDE DECLARA LA GUERRA COMERCIAL</th><td>El alcalde gana 5000 dólares, y el nuevo competidor pierde 1000 dólares (5000; -1000).</td></tr>
</table>

Tras mostrarle esta tabla al alcalde, le comenta:

—La cuestión está así, su competidor puede decidir entrar o no. Si decidiera entrar, usted, como persona racional que quiere maximizar su riqueza, gana más compartiendo el mercado sin lidiar que implantando una estrategia agresiva (10.000 dólares vs. 5000 dólares); por lo tanto, debería admitir coexistir con el intruso. Además, si no van a entrar más competidores, ¿para qué ir a una guerra de precios que quisiera disuadirlos de acceder a ese mercado? Carece de sentido. Pero este razonamiento sería conocido por su potencial competidor, con lo cual sabe la decisión que usted tomará si decide abrir el obrador, y si es un ser racional maximizador de su riqueza, como lo es usted, y dispone de la misma información que usted tiene, evidentemente decidirá instalarse en San Homecio, pues gana más si lo abre (10.000 dólares) que si fabrica jabones (4000 dólares), ¡no lo dude, que así será!

El alcalde se quedó pensativo. El razonamiento de Federico era impecable, pero eso de compartir lo que considera suyo... no le era de especial agrado. Además, temía que no solo apareciese un nuevo panadero en San Homecio, sino que paulatinamente fuera apareciendo otro en cada una de las localidades que el abastecía, siguiendo la tendencia de «vuelta al pueblo» que estaba dándose en los últimos años. Expresó este temor a Federico y le preguntó:

—Si esto ocurre en cada uno de los 20 pueblos donde soy el Rey del Pan y disfruto de esta gracia, ¿sigue siendo la estrategia de no batallar la adecuada, o ahora es mejor que ataque y vaya a la guerra contra cada uno de los 20 posibles intrusos (uno por localidad) que decida invadir mi mercado?

—Pues mire usted —contestó Federico—, vamos a razonar de manera inductiva retrospectiva; es decir, empezaremos por el final e iremos hacia atrás, como los cangrejos, hasta llegar al principio.

—¡Cuidado con andar hacia atrás, que es fácil caerse! —apostilló el alcalde antes de que el invitado siguiera con su razonamiento.

—Comencemos por la decisión que tomaría el último de los 20 posibles competidores[7]. Como es el último, después de él no pueden aparecer nuevos competidores. Por lo tanto, este escenario es una réplica de la situación ya descrita anteriormente, con un solo competidor potencial en un solo pueblo, y, en consecuencia, la decisión adecuada para él sería entrar, pues sabe que nuestra estrategia óptima pasa por acomodarnos a su entrada por las dos razones ya conocidas: no tenemos nuevos competidores a los que disuadir con una guerra de precios, y además recibimos un pago mayor que si optamos por ella.

El alcalde comprendió perfectamente este razonamiento y preguntó:

—Vale, ya sabemos lo que va a decidir el último competidor, pero, siguiendo el camino hacia atrás, ¿y el penúltimo?

Federico contestó:

—Muy fácil, él ya sabe que el último potencial competidor va a decidir entrar; por lo tanto, que nosotros declaremos una guerra de precios contra él para disuadir a futuros competidores es inútil, y si además con esta guerra ganamos menos que compartiendo el mercado, nuestra decisión adecuada en este caso sigue siendo compartir el mercado. Como este penúltimo competidor

[7] Admitimos la misma matriz de pagos para todos ellos, que no es otra que la anotada por Federico en la servilleta.

sabe que tomaremos esta decisión, él optará también por entrar, pues gana más si lo hace que si se queda fuera.

—¿Y el antepenúltimo candidato a ser un intruso en mi reino? —preguntó de nuevo el alcalde, a quien no le gustaban las palabras que escuchaba.

—El antepenúltimo sabe que el penúltimo y el último van a decidir entrar; luego, ahora el escenario para él es el mismo al que se enfrentaron estos (ausencia de competidores futuros a los que disuadir con una guerra de precios y menor facturación con la guerra que sin ella); por lo tanto, razonará de la misma manera que ellos, siendo, en consecuencia, su decisión la misma: entrar. Y así podríamos seguir hacia atrás replicando este mismo razonamiento para cada uno de los competidores restantes, hasta llegar al primero, llegando a la conclusión de que todos van a decidir entrar.

El alcalde se quedó de una piedra tras la exposición de argumentos del letrado Federico: veinte intrusos con los que compartir su feudo, ¡adiós a su reinado! Y encima, la guerra de precios sería inútil.

La comida se acabó y ambos se despidieron, no sin antes agradecerle el consejo dado, pero que lo fuese a seguir era otro cantar. Y así, tras este encuentro, el alcalde continuaba dándole vueltas y vueltas al asunto; cuantas más daba, menos claro lo veía. En su cabeza, echaba cuentas: si los 20 competidores potenciales decidían entrar y él se acomodaba a esta circunstancia, su capacidad para generar renta se reducía a la mitad, pasaría de generar 400.000 a tan solo 200.000 dólares.

	Renta generada
Monopolio	20 x 20.000 $ = 400.000 $
Admitiendocompetencia	20 x 10.000 $ = 200.000 $

Pero de ojo le salía que tenía margen para llevar a cabo una estrategia agresiva de combatir en precios contra un máximo de 12 intrusos, pues, si ello tenía un efecto de disuadir a otros 7 aspirantes, le daría un resultado parecido a la estrategia de acomodo recomendada por Federico, unos 200.000 dólares.

	Renta generada
Combatir contra 12 intrusos	12 x 5000 $ = 60.000 $
Disuadir a 7 aspirantes	7 x 20.000 $ = 140.000 $
Total	200.000 $

Entonces, y aunque fuera ir contra los impecables razonamientos de Federico, ¿cómo iba a perder la mitad de su cuota de mercado quedándose de brazos cruzados sin plantar batalla?

Esta historia no ha sido más que un ejemplo de lo que se conoce como la «paradoja de la cadena de tiendas», expuesta por el nobel en Economía Reinhard Selten en un artículo publicado en el número 9 de *Theory and decision* (abril 1978, pp. 127-159) bajo el título «The chain store paradox», y es calificada como paradoja porque la decisión a la que conduce la razón de no batallar en precios ante la entrada de un nuevo competidor (argumentos utilizados por Federico) no es la observada en la realidad; dicho de otra manera, es una decisión racional pero carente de verosimilitud. Así, la reacción de una empresa ante la intrusión de otras en su mercado es agresiva en precios en muchos casos, a pesar del menoscabo que puede ocasionar en la rentabilidad. Es más, en la bibliografía sobre el tema difícilmente encontraremos un manual de dirección estratégica que desaconseje dicha práctica basándose en un «razonamiento inductivo retrospectivo» como el expuesto, y así las razones aducidas para rechazar la beligerancia en precios entre competidores están fundamentadas en otros argumentos, como puede ser el uso alternativo de otros mecanismos o armas de defensa. Y si quiere un ejemplo de ello, la estrategia que puso en marcha el alcalde es un buen exponente. Así, al día siguiente de la comida con Federico, nada más levantarse de la cama, le dijo a su mujer:

—Cariño, a tomar por… (saco) la razón. Yo no me quedo de brazos cruzados, ¡hay que luchar!

Evidentemente, la lucha requiere de armas, y el edil, tras no pegar ojo durante toda la noche, diseñó una demoledora e imposible de neutralizar por sus adversarios, que podríamos clasificar como «disuasoria». Y la utilizó. Se fue al ayuntamiento y redactó un bando municipal. Llamó al alguacil y se lo entregó para que lo fuera pregonando por las calles del pueblo, tradición que siguen conservando en San Homecio. El texto decía:

> Por orden del Sr. alcalde, se hace saber a todos los vecinos del pueblo y a los que pretendan serlo que todo aquel que quiera abrir una panadería deberá haber participado al menos una vez en el concurso «Soy el + bruto» y haber quedado clasificado entre los tres primeros, como en su día hizo quien ordena este bando.

Como mantenía buenas relaciones personales con los ediles del resto de los pueblos de la comarca, le costó poco convencerlos para que implantasen este bando en sus respectivos municipios. Había que protegerse de los forasteros, que una cosa es que vengan de turistas a dejar dinero y otra que vengan a llevárselo.

Este bando municipal que de forma sibilina utilizó el Rey del Pan puede ser calificado de cacicada, incluso como un acto de prevaricación, pero en dirección estratégica empresarial quedaría descrito como «barrera legal de entrada», una herramienta idónea para proteger un monopolio sin necesidad de pelear en precios y, por cierto, más efectiva que el consejo de Federico.

EL REGALO SORPRESA

El alcalde prometió a Federico que le haría un «regalo por sorpresa» en agosto, como forma de compensar el tiempo dedicado al asunto de la probable aparición de nuevos panaderos en su feudo.

Había pasado el mes señalado por el alcalde como plazo, y Federico no había recibido nada. No le dio más importancia al asunto, las promesas de los políticos tienen bula de incumplimiento, y parece que, en este caso, el alcalde de San Homecio había hecho uso de ella, algo muy frecuente en los tiempos que corrían. O quizá estuviera muy ocupado preparando la campaña electoral que se avecinaba en otoño. Llevaba tres legislaturas seguidas como alcalde, y por qué no pensar en una cuarta; seguro que entonces pasaría a formar parte de la historia de su pueblo, nadie había conseguido alcanzar tanta longevidad en el cargo, y, lo que resultaba más curioso, sin haber ganado jamás unas elecciones. De los tres partidos que presentaban candidatura en San Homecio, siempre ganaba el mismo, siendo el segundo más votado el de nuestro alcalde; en cuanto al tercer partido en liza, cuyo cabeza de lista era su cuñado, reunía el número suficiente de votos como para, aunando fuerzas, derrocar al ganador, y así lo hacían en el pleno de investidura.

Dado que referéndum tras referéndum se replicaba este escenario, no eran pocas las voces que instaban a la unificación de candidatura del partido del alcalde con el de su cuñado; de esta manera, por fin el Rey del Pan ganaría unas elecciones que le permitieran gobernar con una mayor autoridad moral (que no legal). Pero él siempre se negaba a ello rotundamente, y no por capricho o cabezonería, sino por convicción empírica.

Simuló el resultado electoral que podría acontecer bajo la hipótesis de unificación, equiparando los votos obtenidos por cada partido con las unidades vendidas de los tres tipos de pasteles que vendía en sus panaderías. El más vendido era el de chocolate, seguido por el de fresa, y este, por el de nata, pero, si sumaba las ventas de estos dos, eran superiores el las del primero. Para realizar la simulación, suprimió la venta de pasteles de fresa y de nata, sustituyéndolos por un nuevo pastel mixtura de ambos, el de «fresinata» (con algo más del primer sabor que del segundo). Lo puso en los mostradores junto al de chocolate. Cuando hizo cuentas, las ventas del «fresinata» eran menores que las de ambos sabores por separado, incluso menores que las de chocolate (a quien le gustaba la fresa pero no la nata, o viceversa, bien no compraba un pastel de «fresinata», o bien podía cambiar su elección a chocolate). Este resultado le abrió los ojos, y lo extrapoló a la política bajo el nombre de la «conjetura del pastelero»; según esta, *grosso modo*, son preferibles las alianzas postelectorales entre partidos que las candidaturas unificadas entre ellos. Si se pregunta por qué «conjetura», simple y llanamente se debía al atractivo de la palabra, a su carácter misterioso, o al menos ese fue el efecto que le produjo cuando una vez se la escuchó decir a Federico.

Y por cierto, las elecciones no fueron la causa de la demora en el envío del obsequio a este. Para su sorpresa, una mañana le llegó una carta certificada con acuse de recibo remitida por el edil. La abrió con curiosidad y pudo leer:

> Estimado Federico,
>
> Disculpa que no te haya hecho llegar ningún «regalo por sorpresa», tal y como te prometí, te aseguro que lo he intentado, incluso ya lo había comprado, era un reloj de fabricación suiza, esfera de zafiro, caja de titanio, sumergible a 100 metros, y grabado con el escudo del pueblo, porque lo había pagado con cargo a los presupuestos del Ayuntamiento. Aunque parezca increíble, no sabía muy bien qué día del mes mandártelo para que fuera una sorpresa para ti. Te cuento, y tú, con lo racional que eres, me vas a comprender perfectamente.
>
> Si el día 29 no te hubiera llegado el reloj, pensé que en ese caso tendrías la certeza de que te llegaría el día 30, último del mes, pero claro entonces ya dejaría de ser un «regalo por sorpresa», y eso no podía ser, pues, como político que soy, debo cumplir lo que prometo, y si dije que sería «sorpresa», tenía que ser así.
>
> Luego seguí pensando, cosa que le aseguro supuso un auténtico esfuerzo para mí, tal como ya predijo en su día mi maestro de la escuela, y deduje que, si el día 28 no te había llegado mi obsequio, pensarías que, si llega el 29, ya no es sorpresa, pues es el único día que puede ser sorpresa, dado que, como hemos visto, si llega el día 30, no lo es.

Pero, si no te ha llegado el día 27, también descartaría como sorpresa que te llegase el 28, dado que el resto de días del mes (29 y 30) ya sabemos que no son sorpresa.

Así fui razonando hacia atrás día por día, como aprendí de ti, esperando encontrar uno en el que esto no ocurriese, pero no lo hallé, y mira que lo intenté, incluso clamé ayuda al cielo.

Por lo tanto, al ser imposible que te hiciera llegar un «regalo por sorpresa», me vi obligado a no enviarte nada, para así al menos poder cumplir con mi palabra, pues soy hombre que tiene a gala ser honesto y honrado con lo que digo y prometo.

Al final, para sorpresa de todos, me he visto obligado a quedarme con el reloj, ya no se podía devolver, ¡qué le vamos a hacer!

Recibe un cordial saludo. Y recuerda que siempre tendrás en San Homecio un amigo, lo cual es de gran valor en mi pueblo, pues de enemigo soy muy fastidiado.

Fdo.: El Ilmo. Sr. Alcalde.

En conclusión, si alguna vez su pareja le dice que ya no le hace regalos sorpresa como antes, ya le puede argumentar el porqué. La «razón» tiene la culpa.

SI ES GRATIS, ME APUNTO

Si hay una fuente generalizada de placer para el ser humano, esa es la comida y la bebida. Evidentemente, tenemos que comer y beber para sobrevivir, es un requisito coherente con nuestro diseño biológico. Pero, a mayores de esta necesidad racional, ambas acciones despiertan en nosotros una satisfacción emocional. Si no fuera de esta manera, la parrilla de televisión no estaría plagada de programas asociados al sentido del gusto, ni los buenos cocineros serían estrellas televisivas. Pero, de entre todos los productos que agradan a nuestros sentidos, hay uno que merece una mención especial: el vino. Después del agua, quizá sea la bebida más consumida por el hombre a lo largo de la historia, al menos en los países mediterráneos. La cultura del vino gana cada vez más seguidores, y Federico no escapó de su encanto, sobre todo desde que leyó una cita de Plinio el Joven (siglos I y II): «El hombre debe al vino ser el único animal que bebe sin sed».

Acababa de encontrar el otro elemento que, junto con

la racionalidad, nos alejaba de los animales; de hecho, el humanista francés François Rabelais consideraba el vino como «lo que más ha civilizado al mundo».

Dicho esto, Federico iba de camino a una vinoteca no muy lejos de su casa; estaba invitado a un taller formativo donde aprendería a fabricar su propio vino con un kit de elaboración casero cuyo precio en promoción era de 1990 dólares. Estando en el evento, le llegó un mensaje al móvil con publicidad del Laroy Malyn: un kit idéntico en todo, incluso en la marca, pero más barato, 1980 dólares, y también con clases formativas. La macrotienda estaba a tan solo diez minutos en coche, pero Federico, sin dar importancia al mensaje, siguió atento a las explicaciones y, al final de la charla, preguntó si aceptaban pago con tarjeta; la respuesta era obvia. Estaba contento con su compra, iba a poder crear con sus propias manos al otro gran motor de la humanidad que, junto con la racionalidad, lo alejaba del resto de especies del arca de Noé.

En cuanto llegó a casa, descargó su minilagar, pero, nada más acabar, apareció Olivia, folleto en mano, diciendo:

—¡Mira, Federico, mira! El vino tinto que tanto nos gusta, el tempranillo joven de Muladares al 50 %, a mitad de precio, de 4 a 2 dólares; eso sí, solo dejan sacar cinco botellas por tarjeta. Date prisa y vámonos, que el Recorte Inglés cierra en una hora y seguro que las botellas vuelan.

Y eso hicieron. Habían tardado en llegar unos diez minutos en coche (el mismo tiempo que separaba la vinoteca del Laroy Malyn). Verdaderamente, las botellas circulaban por la línea de caja de mala manera, pero a ellos les dio tiempo a coger las suyas.

—Ha merecido la pena el viaje —comentó Federico—, acabamos de pagar 10 dólares por algo que valía 20.

Pero además la compra tuvo un plus inesperado. Sortearon una invitación para visitar la bodega donde elaboraban ese vino, pudiendo catar de manera gratuita todo el vino que se quisiera sentado en medio de los viñedos, y ellos fueron los agraciados. El único inconveniente eran los 250 kilómetros que había que recorrer hasta llegar allí.

Y cómo se lo pasaron, porque allí fueron, pues el hecho de ser gratis y sin medida era una oportunidad única, que casi Federico estuvo a punto de no aprovechar, pues Olivia ese fin de semana tenía un congreso de expertos en la obra del premiado escritor Marcos Lucio. Federico no tuvo problema para encontrar sustituto, pues, si el vino y la razón son lo que nos diferencia de los animales, la palabra *gratis* se encarga de acercarnos de nuevo a ellos. A Ceferino solo le faltó beberse el anticongelante del tractor que allí había. Que, por cierto, no lo hizo porque le advirtieron:

—Como te lo bebas, esto sí lo pagas.

Por su parte, Federico, que en la otra correría con el pariente de su mujer acabó abrazado a una farola, en esta ocasión no fue precisamente la farola lo que rodeó con sus brazos, aunque formas curvas tenía, pero una voz le dijo:

—¡Qué haces, imbécil!

Federico se murió de vergüenza cuando fue consciente de su actitud de cefalópodo y recordó la frase de Hipócrates: «El vino es una cosa maravillosamente apropiada para el hombre si, tanto en la salud como en la enfermedad, se administra en tino y justa medida».

Lo mismo que la razón y la emoción.

Es curioso cómo somos los humanos, incluso aquellos que se consideran estrictamente racionales. Federico, por un ahorro de 10 dólares, no se fue de la vinoteca al Laroy Malyn a comprar el kit minilagar; en cambio, por un idéntico ahorro recorrió la misma distancia para ir al Recorte Inglés a comprar el vino en oferta. La diferencia entre una reacción y otra se debe a nuestra tendencia a relativizar; no percibimos ni valoramos de la misma manera una rebaja de 10 dólares pasando de 1990 a 1980 dólares que esa misma rebaja cuando pasamos de 20 a 10, cuando en ambos casos con esos 10 dólares contantes y sonantes se pueden comprar las mismas cosas. Y bueno, si pasamos de 10 a 0 dólares, como así ocurría con la cata gratuita en la bodega, entonces esos 10 dólares de diferencia son capaces de hacerle perder la razón al más racional; solo con el gasto en gasolina de ida y vuelta a la bodega (500 km), el café del camino y algún extra más, Federico se podía haber comprado al menos las mismas botellas que luego se bebió.

Una paradoja más de nuestra racionalidad, que, cuando oye la palabra mágica *gratis*, empieza a perder el control y se pone a saltar como si escuchara a los AC/DC tocar los primeros acordes de su *Highway to hell.* Ya lo decía Oscar Wilde: «Cuando se razona, es imposible excederse, y, cuando nos excedemos, es muy difícil razonar». Y lo gratuito provoca excesos.

MANOLO, UN AS DEL DEPORTE

Manolo era un gran aficionado del fútbol. En sus años jugó en el equipo del barrio y no llegó más lejos por una lesión en la rodilla (al menos, eso decía). Socio del Racing Falcon Club, acudía al estadio ataviado con su bufanda de hincha para celebrar los goles de su equipo, acontecimiento poco frecuente y casi siempre en menor medida que sus rivales. Federico solía acompañarlo, y de vez en cuando, en un intento de aliviar el disgusto ocasionado por tanta derrota, trataba de convencerlo para que cambiara de colores. Y así, le decía:

—Manolo, estás equivocado. Olvídate de ser hincha del Falcon y, simplemente, elige dos clubes a los que odiar; por ejemplo, el Madrid y el Barça. Como no pueden ganar a la vez la misma competición, uno de los dos la tiene que perder..., o los dos. Por lo tanto, siempre habrá al menos un resultado que te hará feliz. En definitiva, es superior, por ser más racional, una estrategia de «odiar» a dos equipos que ser «forofo» de uno solo, representa una alegría segura frente a una probable.

Manolo comprendía perfectamente la lógica de su yerno (a la que ya estaba acostumbrado), y más en este caso, pues había observado que, para muchos aficionados, la satisfacción de ver perder a su rival era mayor que la alegría producida por la victoria de su propio equipo; evidencia que otorgaba más verosimilitud al paradójico razonamiento de Federico, que abogaba por el uso de un sentimiento negativo, el odio, como senda que conduce a la felicidad. Pero a él, que los mismísimos Reyes Magos le trajeron cuando niño la equipación completa de su equipo del alma, no le hacía abandonarlo ningún razonamiento, por muy coherente que fuera.

Para Federico, observar a su suegro durante los partidos era una fuente de conocimiento. Desde el mismo instante en que por megafonía se anunciaba la alineación del equipo hasta el final del encuentro, Manolo se transformaba en una máquina perfectamente engrasada de tomar decisiones. Cada vez que un jugador cogía el balón, decía a quién se lo debía pasar; si había un penalti, señalaba de qué manera pegar a la bola y dónde colocarla; tras el descanso, qué cambios debía realizar el entrenador..., y ni que decir tiene cuáles debían ser las decisiones arbitrales.

Pero a Manolo no solo le gustaba el fútbol, era un apasionado del deporte en general. De hecho, las Olimpiadas eran para él religión. Hasta tal punto le gustaban que hacía coincidir sus vacaciones con las fechas de su celebración. Tenía instalada una gran pantalla en la bodega de su casa, y de allí prácticamente no salía hasta que concluían.

Federico decidió compartir con él una jornada olímpica. Empezaron el día con un desayuno muy completo y abundante, pues, según Manolo, debido a las neuronas espejo, el simple hecho de visualizar deporte incrementaba el trabajo muscular de su organismo. Tal y como le dijo:

—Come, come…, no nos vaya a dar una pájara mientras vemos la maratón.

Federico no estaba tan convencido de la hipótesis de su suegro, pues, a medida que avanzaban los días de competición, lo veía más gordo…, pero no más musculoso, aunque tampoco le iba a llevar la contraria, pues no era ningún experto en nutrición para deportistas televisivos.

Tras el copioso desayuno, se acomodaron en el sofá frente a la pantalla, y la primera conexión televisiva fue con la prueba de tiro al plato, modalidad doble *trap*. Tras un fallo de un tirador, Manolo comentó:

—Tiene que correr más la mano, los tiros se le quedan traseros.

Federico pensó que su suegro habría sido cazador y atribuyó autoridad a dicha frase sin más.

Segunda conexión: final de salto de altura. La atleta de Maldivia quedó fuera de competición, y Manolo afirmó:

—Tenía que haber dejado el tercer intento para los dos veinte.

Federico desconocía la experiencia como atleta o entrenador de élite del padre de su mujer, pero quién sabe…, quizá hubiera sido la decisión acertada.

La siguiente conexión fue con el pabellón donde se desarrollaba la competición de gimnasia rítmica, prueba individual donde una gimnasta de Chiniquistán estaba en el tapiz haciendo su ejercicio de mazas:

—Está haciendo bajos los lanzamientos, tiene que lanzar más alto, si no, la van a penalizar.

Federico se preguntó: «¿Habrá hecho mi suegro gimnasia rítmica?». Le costaba imaginar la situación, pero, de repente, se acordó de que Olivia de pequeña sí la practicó, y quizá por eso sabía lo que decía.

Cuarta conexión: campo de regatas de vela clase 470. Cuando llega la embarcación italiana para virar en la segunda boya, Manolo sentenció:

—Tiene que meter la proa por el interior para salir más rápido.

Tras esta conexión, pasan a la piscina: prueba de 200 mariposa. Se da la salida, y cuando están a punto de terminar el primer largo, dijo:

—El australiano tenía que haber buceado un poco más y haber salido más tarde del agua.

Federico estaba desconcertado. Hasta donde él sabía, Manolo nunca fue marino y, lo que era más significativo, no sabía nadar.

Y así continuó Manolo, conexión tras conexión a las distintas pruebas. Era como si no pudiera reprimir su instinto de tomar decisiones, tuviese muchos, pocos o ningún conocimiento sobre la cuestión a decidir. Se le veía disfrutar con ello, a pesar de la falta de racionalidad de dicha actitud, pues ¿cómo osaba apuntar cuál debían ser las decisiones si en muchos casos estaba dominado por la ignorancia? Federico justificaba este atrevimiento por una sencilla razón: todas las decisiones que, según Manolo, tenían que tomar los deportistas, futbolistas o entrenadores no tenían ninguna consecuencia para él, ni mejoraban ni empeoraban su vida actual o futura, tanto si eran las adecuadas como si no. Así, para el cerebro de Manolo, ver un partido de fútbol (y el deporte en general) era toda una fiesta. Iba a poder estar continuamente haciendo algo que le agradaba: tomar decisiones sin el inconveniente de que estas pudieran llegar a fastidiarle la vida en caso de no ser las acertadas. Venía a ser como darle a un niño una tiza y una pared en la que pintar sin temor a que nadie lo riñese.

Pero esta reflexión despertó en Federico una duda: dado que la política es un campo donde se toman muchas decisiones que no acarrean responsabilidades para quien las toma que vayan más allá del hecho de no ser reelegido por los ciudadanos, entonces, si Manolo fuese el alcalde de Montecabras, ¿sería una amenaza para el pueblo? Pues, si replicara su actitud irracional como teledeportista ejerciendo de primer edil, podría ser una bomba de relojería para la comunidad. A lo mejor decidía construir un aeropuerto en las eras del pueblo, o un puerto deportivo al lado del riachuelo que bordea la localidad, todo ello convenientemente justificado en base a un fomento del comercio y del turismo en la zona, aunque fueran obras inútiles que endeudasen al Ayuntamiento de por vida... Total, él no arriesgaría ni un dólar de su patrimonio en ello. O, por qué no, regalar exclusivas carteras de piel al resto de concejales para que guardasen los informes del estudio que había subvencionado sobre los efectos de la posible expansión de los anillos de Saturno en la maduración de las lechugas autóctonas de la zona, como proyecto que intentara dar un impulso al I+D y a la competitividad del sector agrario local. Es más, su predisposición a decidir sobre todo se podía traducir en un afán desmesurado por regular la convivencia entre los vecinos de Montecabras, que lo haría caer en el vicio de redactar y redactar bandos municipales repletos de prohibiciones y sanciones, para el agobio y fastidio de los habitantes del pueblo.

Pero nuestro aspirante al Nobel se quedó aliviado al pensar que una persona con un perfil psicológico como el de su suegro no tendría cabida en el mundo de la política, donde la racionalidad debe ser la piedra angular sobre la que construir el bien común, tal y como solía decir y defender Federico, citando a un pensador griego.

Moraleja: nuestro protagonista no ve la tele ni escucha la radio, tampoco lee los periódicos, ¿o acaso no hay demasiados Manolos metidos a políticos? Quizá habría que ver unas Olimpiadas con ellos antes de votarlos.

LA PRIMERA CITA

Todas las cosas tienen un principio, y de algunas deseamos que no tengan final..., por lo menos al comienzo; así, en toda pareja que empieza, pasar el mayor tiempo posible juntos es un anhelo constante. Este continuo deseo condiciona las preferencias de los tortolitos, que en esta etapa idílica se rigen por un principio muy sencillo: si en algo no comparten gustos, y así a ella le gusta más el teatro y a él la gran pantalla, preferirán ir los dos a ver el mismo espectáculo antes que acudir en solitario al que más les agrada. Evidentemente, ello implica para una de las partes renunciar a la satisfacción de sus gustos personales, pero la sensación que les produce su mutua compaña lo justifica con creces.

A esta regla nadie escapa, como así comprobaron Federico y Olivia, cuando hace ya unos cuantos años tuvieron su primera cita. En aquellos momentos, el uno no conocía los gustos del otro. Habían quedado para cenar en el restaurante de la calle Mayor, pero no habían especificado si en el chino o en el italiano, tampoco se podían llamar por teléfono, sencillamente en esa época el teléfono móvil era un artefacto en proceso de desarrollo lejos de convertirse en plaga.

Federico se encontraba desazonado. Si acudía al italiano y Olivia al chino (o viceversa), quizá ella pensara que le había dado plantón y se diera por finiquitado su futuro como pareja. Entonces, ¿a cuál de los dos restaurantes debía acudir?

Para responder a esta cuestión, el entonces estudiante decidió plantear la cuestión en términos formales para así razonar con lógica y coherencia, la importancia del evento lo requería, quizá aquella chica lo acompañaría algún día a Estocolmo.

Lo primero que hizo fue ordenar sus preferencias:

1.º Ir ambos al chino (su restaurante favorito).
2.º Ir ambos al italiano.
3.º Él al chino y ella al italiano.
4.º Él al italiano y ella al chino.

Asignó a cada una de estas preferencias un valor que reflejara la satisfacción que le produciría si se viera colmada. Dicho valor estaba comprendido entre 0 y 10, de tal manera que, a mayor valor, más agrado. Lo anotó todo en una tabla:

	Olivia decide ir al chino	**Olivia decide ir al italiano**
Federico decide ir al chino	10	2
Federico decide ir al italiano	0	7

Basándose en esta tabla, Federico pensó: «Si ella decide ir al chino, lo peor que me puede pasar es que yo vaya al italiano (0), y si, por el contrario, decide ir a este, lo peor que me puede pasar es que haya tomado la decisión de ir al chino (2). Por lo tanto, entre los dos peores resultados, escojo el menos malo (máximo entre 0 y 2), en este caso, acudir al del país asiático. De esta manera, si coincidimos en gustos, genial, y si no es así, por lo menos ceno lo que me gusta».

Y así fue, se tomó un rollito de primavera con arroz tres delicias y además en compañía de Olivia, que decidió acudir al chino, no como consecuencia de un análisis racional similar al realizado por su actual marido, sino más bien emocional. A ella le encantaba la pasta y el *risotto*, pero, apelando al romanticismo, pensó: «Lanzaré una moneda al aire y que el destino sea quien decida».

Es más, si ella hubiera razonado siguiendo el mismo patrón de coherencia que Federico, cada uno habría cenado solo, pensando en el plantón que le acababan de dar. Así, suponiendo que Olivia asignara los mismos valores que Federico a la satisfacción que le producía ver complacidas sus preferencias, siendo para ella el italiano su prioridad, su estrategia adecuada hubiera sido acudir a este tipo de restaurante.

	Olivia decide ir al chino	**Olivia decide ir al italiano**
Federico decide ir al chino	7	2
Federico decide ir al italiano	0	10

De esta manera, si Federico decidiera ir al chino, el peor resultado para ella sería acudir al italiano (2), y si Federico decidiera ir al italiano, su peor decisión consistiría en acudir al chino (0); por lo tanto, dentro de lo peor que le puede ocurrir, es preferible ir al italiano que al chino (máximo entre 2 y 0).

Pero esta solución del juego (tomando «la cita» como tal) según la cual cada uno debería haber acudido a su restaurante favorito no es estable. Esto se observa muy fácilmente si agregamos en una misma matriz las preferencias de ambos, tal y como se muestra a continuación:

	Olivia decide ir al chino	**Olivia decide ir al italiano**
Federico decide ir al chino	10,7	2,2
Federico decide ir al italiano	0,0	7,10

Como se aprecia, si Federico hubiera llegado al restaurante chino y Olivia no se encontrara en él, con tan solo dirigirse al italiano, ve como su satisfacción mejora. De la misma manera, podemos razonar para Olivia. Es más, esta matriz pone de manifiesto la existencia de dos estrategias que representan equilibrios de Nash (10,7) y (7,10), porque, si uno de los dos cambia de decisión sin que lo haga el otro, su situación empeora. Así, si los dos deciden ir al mismo tipo de restaurante (bien sea chino o italiano) y uno cambia de decisión de manera unilateral, su satisfacción disminuye. Pero, como Olivia obvió estos coherentes razonamientos y optó por seguir el consejo del irracional azar, su futuro como pareja tuvo un principio.

Esta parte de la historia está basada en lo que se conoce en teoría de juegos como «La batalla de sexos», juego introducido por R. D. Luce y H. Raiffa en 1957 (*Games and decisions: Introduction and critical survey*, New York, Wiley). Pero, al igual que los años han pasado para este clásico del tema, también transcurrieron para la pareja, y tanto Olivia como Federico conocían más de los gustos del otro. Al principio de su relación, la pregunta hecha por uno de los dos de «¿dónde vamos?» daba pie a un diálogo de réplica y contrarréplica del tipo:

—Donde tú digas, me da igual.

—No, donde digas tú.

—Que no, que no, donde más te apetezca a ti.

—A mí me da igual, de veras…

Pero, con el paso del tiempo, estas reglas del juego cambiaron. Federico y Olivia volvieron a quedar para cenar en el restaurante de la calle Mayor, y tampoco especificaron en cuál, y aunque ambos sí tenían móvil, se habían quedado sin batería.

Federico volvió a tirar de racionalidad, sabía que las preferencias de Olivia y la valoración que hacía de ellas seguían siendo las mismas que en su primera cita de hace años, pero él había cambiado: prefería ir al chino solo (7) antes que al italiano en compañía de Olivia (2), aunque seguía siendo su mayor satisfacción que ambos fueran juntos al chino (10).

	Olivia decide ir al chino	**Olivia decide ir al italiano**
Federico decide ir al chino	10,7	7,2
Federico decide ir al italiano	0,0	2,10

En este contexto, para Federico la decisión era clara: «Decida lo que decida Olivia, mi mejor opción es ir al chino —pensó—. Dado que ella me conoce bien y sabe que esto es así, también decidirá acudir a este restaurante, pues, si va al italiano, verá en menor medida satisfechas sus preferencias (2 frente a 7). Además, en este caso, que los dos decidamos ir al chino (10,7) no es solo una estrategia de equilibrio de Nash, sino también la óptima, y no puedo ir en contra de este hecho».

Evidentemente, la decisión de Federico, por muy racional que sea, muestra su egoísmo y la rendición de Olivia a sus gustos y preferencias. ¡Pero cuidado!, que a lo mejor Olivia se cansa algún día, dando lugar a la siguiente matriz:

	Olivia decide ir al chino	**Olivia decide ir al italiano**
Federico decide ir al chino	10,0	7,10
Federico decide ir al italiano	0,7	2,2

Si esta matriz aparece en la vida de la pareja, Federico debería preocuparse, no sea que un día Olivia apague la tele y le diga:

—Cariño, firma estos papeles, bueno excariño, y tú te quedas con la racionalidad, y yo, con la casa y los niños.

EL ANIVERSARIO

El 15 de junio era una fecha muy señalada en la vida de la pareja: el aniversario de su boda, y como Federico no quería que le apagaran la televisión ni lo invitaran a firmar nada, quiso dar más color a su vida marital. Salir a cenar sería una buena excusa para sorprender a Olivia con un regalo inesperado. Estaba convencido de conocer perfectamente sus gustos, y por ello acertaría de pleno con el elegido.

Cuando su esposa llegó a casa, Federico le contó el plan y rápidamente se cambiaron para ir a cenar. Ella estaba expectante y se preguntaba: «¿Habrá reservado mesa en un restaurante de moda, donde su cocinero sale por la tele hasta en la sopa?», por poner un complemento circunstancial apropiado al caso.

Obtuvo la respuesta nada más llegar a la puerta del local. Estaba abarrotado de gente, no reservaban mesa y había que hacer cola. Tal como sospechaba, sus cocineros salían en televisión, en los anuncios, siempre con una gorrita roja que los distinguía. Una vez sentados a la mesa, Federico le dijo:

—Sé que te gusta la comida italiana, por eso te he traído a este sitio tan conocido. Además, hoy, como es jueves, hay oferta de 3 x 2.

La cara de su mujer era un poema, pero su marido era así. Él siguió argumentando:

—Al final, no hay diferencia entre una *pizza* de esta cadena y la del típico restaurante italiano, salvo el precio, por lo que sería irracional que hubiéramos ido a uno de ellos, es ir en contra de la eficiencia en el sentido de Pareto. Y todo porque tienen una decoración atractiva, música y luz ambiental, una buena vajilla, mantelería de calidad, sillas cómodas, velas en la mesa y te tratan de manera distinguida, pretendiendo que disfrutes de la cena. Menudas bobadas. Además, no te digo nada si encima en este local, por el precio de dos, nos llevamos una más. ¿A que sí, cariño?

Y casi se lleva una... de su mujer (sustituya los puntos suspensivos por la palabra que usted quiera pero que signifique «golpe»), quien ya estaba hasta el gorro de la eficiencia de Pareto y de todo lo que emanaba estricta racionalidad. Al menos las flores que le había regalado no eran de plástico, pues, teniendo en cuenta su duración y necesidades de mantenimiento, siendo su efecto estético idéntico al de las naturales, no hubiera sido descabellado que Federico se hubiera presentado con las fabricadas con ese derivado del petróleo.

Pero lo mejor iba a llegar en los postres, cuando Federico regresó con dos helados de la máquina dispensadora. Se sentó y sacó del bolsillo de su chaqueta una pequeña cajita envuelta en papel de regalo con el logotipo de una gran superficie, que puso en el centro de la mesa. Olivia ya intuía su contenido, pues al sacarla se cayó un *ticket*, donde pudo ver la compra hecha por su marido: diez botellas de leche desnatada segunda unidad al 50 %, champú oferta 2 x 1 y un artículo de joyería, anillo modelo «amor sin límites», cod. 125643, liquidación *stock* navideño. Las siguientes palabras de Federico fueron:

—Es para ti.

Su mujer puso cara de sorpresa, abrió su regalo y dijo:

—Gracias, mi vida, pero no era necesario... que me compraras este anillo tan feo envuelto de esa manera tan cutre y comprado como un saldo. Yo quería un anillo de diseño, adquirido en una joyería de prestigio, envuelto como si estuviera destinado para una reina y que al ponérmelo me haga sentir diferente. Eres un tarugo. Y que sepas una cosa: mi madre sabe desde siempre que tú eras el tonto de las maletas perdidas en el aeropuerto.

Evidentemente, del párrafo anterior de su boca solo salieron las palabras escritas hasta los puntos suspensivos, el resto se limitó a pensarlo.

Federico respondió:

—Sí era necesario, hace mucho que no tenía un detalle contigo. Cuando estuve en la capital para dar mi última conferencia, dando una vuelta por el centro, vi en una prestigiosa joyería de las que salen en las comedias románticas un anillo precioso. Entré a preguntar, y me dijeron que era un diseño exclusivo de Pierre Lacross. Estuve muy tentado de comprártelo. Y el otro día, cuando fui al supermercado, vi dentro de la joyería del híper uno muy muy parecido.

Su mujer lo cortó y le dijo:

—Seguro que pensaste: «Mira un anillo de características similares al de la famosa joyería pero, eso sí, ¡mucho más barato! Luego, entre ambos, voy a comprar este, que es una joya más eficiente».

Federico respondió:

—Qué bien me conoces.

Y con estas palabras terminó la romántica velada.

Al día siguiente, cuando llegaron a casa los dos del trabajo, ella traía un paquete debajo del brazo para él. Cuando Federico lo abrió, se encontró con un gran peluche de un perro tipo san bernardo. Su mujer le dijo:

—Mira, sé que siempre has deseado tener un perro algún día; tu madre me dijo que todos los años pedías uno por tu cumpleaños, pero siempre te lo denegaban por falta de espacio en casa. Y también sé que, de todas las razas, tu preferida es la de Tarzán, el perro de mi primo Ceferino. Así que dudé entre comprarte este de peluche o uno de carne y hueso. Y me dije: «Voy a pensar como Federico». El de peluche no come, por lo tanto, no hay que gastarse dinero en pienso; no se pone malo ni hay que vacunarlo, por lo tanto, el gasto en veterinario es nulo; tampoco suelta pelo, por lo tanto, no necesitamos un potente aspirador, y, por supuesto, no… y, por lo tanto, no hay que sacarlo tres veces al día. Si tenemos en cuenta que ambos estéticamente son parecidos, y a los dos te puedes abrazar para quedarte dormido, como mi primo con Tarzán, entonces, basándome en la idea de eficiencia, la decisión racional es clara: adquirir el peluche. Y eso he hecho, porque seguro que tú hubieras pensado y deseado lo mismo.

Tras estas palabras, el rostro de Federico reflejaba desilusión, pues siempre quiso tener un auténtico perro de los usados por los monjes de los Alpes, y se limitó a decir:

—Muchas gracias, mi vida, qué bien me conoces.

Y su mujer le respondió:

—Por eso mismo, porque te conozco muy bien, ve a abrir la puerta de entrada.

Cuando Federico abrió la puerta, allí se encontró sentado a un cachorro de san bernardo.

En conclusión, Harry Markowitz, nobel de Economía en 1990, en su famoso artículo de 1952 publicado en el *Journal of Finance* (vol, 7, n.º 1, pp. 77-91) bajo el título «Portfolio Selection», nos vino a decir, *grosso modo*, que, a la hora de invertir en bolsa, «no fuéramos tontos y sí eficientes», siendo decisión de los primeros invertir todo su dinero destinado a tal fin en un solo título, y de los segundos, repartirlo entre varios (cuyas rentabilidades no estén perfectamente correlacionadas). En palabras del autor del modelo: «La diversificación es tanto observable como sensible: una regla de comportamiento que no implica la superioridad de la diversificación debe rechazarse lo mismo como hipótesis que como máxima».

Tal como demostró una combinación de títulos ofrecerá menos riesgo sin pérdida de rentabilidad. Pero en su artículo no dijo que este concepto tan racional de eficiencia lo debamos aplicar en todos los ámbitos de nuestra vida.

BERNI *ECONOMICUS*

Federico disfrutaba mucho dando largos paseos con Berni, su nuevo fiel amigo de cuatro patas, y aunque toda su vida había sido un acérrimo defensor del *homo economicus,* observar a Berni le generaba cierta inquietud. Tenía pequeños detalles en su comportamiento que lo convertían en un ser con visos de racionalidad. En principio, el listado de interrogantes cuya respuesta apuntaba en esa dirección era pequeño:

—¿Se comportaría Berni como los jóvenes de San Homecio que se tiraban por divertimento desde lo alto del campanario con el único fin de ver quién era el más bruto?

—¿Se dejaría engañar Berni a la hora de elegir entre un jugoso trozo de carne y el pienso del supermercado por el contexto, la forma de presentar una u otra comida, o cualquier otra estrategia encaminada a intentar que se comiera en primer lugar el extrusionado de cereales?

—Si cinco cabras se encontraban atrapadas en las vías de un tren y en otra diferente se encontraba trabado un gato, suponiendo que Berni fuera el maquinista, ¿le crearía algún dilema moral cambiar de dirección para no arrollarlas, aunque ello conllevase el atropello del felino? (Aquí Federico no lo tenía claro del todo, cabía la posibilidad de que, intercambiando los roles, cinco gatos atrapados y una sola cabra en la vía alternativa, la respuesta no fuese la misma).

Pero este listado no paraba de crecer:

—Si ante la acusación de haber puesto la bufanda del Madrid al santo, en vez del primo, su compañero de andanzas hubiera sido Berni, ¿lo habría delatado, o su fidelidad se lo hubiera impedido, y no habrían caído en el equilibrio de Nash que los llevó a estar a dieta una buena temporada?

Y a estos interrogantes los seguían más todavía:

—Cuando Berni hacía un agujero en el suelo para intentar desenterrar un hueso que en su día escondió, ¿cejaba en su empeño en cuanto veía que no lo encontraba y empezaba rápidamente a cavar con sus patas delanteras en otro lugar, o, por el contrario, caía en la falacia del costo perdido y seguía excavando y excavando en el mismo hoyo porque había invertido mucho esfuerzo en él, a pesar de no haber perspectivas de hueso?

Pero si las respuestas a estas preguntas ya eran inquietantes e indicativas de un cierto grado de racionalidad de Berni, lo que más llamaba la atención de Federico era su comportamiento ante la comida. Dar de comer a su perro era como estar jugando con él al juego del «Ultimátum», donde el propio Federico era quien proponía el reparto, y Berni, quien decidía aceptarlo o no.

Así, cuando cogía el saco del pienso (cantidad a repartir) y solo le ponía en su comedero una pequeña cantidad de su contenido, a Berni no le importaba que Federico se quedara con el resto del saco, ¡y mira que era grande en comparación con lo que le ofrecía! Pero siempre miraba a su dueño con sus caídos ojos y aceptaba el reparto, sin gruñirle ni ladrarle, como diciéndole: «Aunque no me des más, no te voy a morder en una pierna como castigo por avaricioso».

Entre algo conseguido sin esfuerzo y nada, Berni siempre prefería algo. Parecía comprender que, sin invertir ni arriesgar nada por su parte, cualquier cosa que le den es bien recibida.

Esta actitud era contraria a la que muchos humanos mostraban en el juego del «Ultimátum» ante ofertas tan desiguales como la del reparto del pienso.

Pero además, la respuesta de Berni era la misma tanto si quien le ofrecía el pienso era Federico o el comedero automático que le había instalado junto a la caseta en el jardín; no como muchos humanos que, ante una misma propuesta hecha por otro ser de su misma especie o por una máquina, responderían de manera diferente, como así ocurrió con su ahora cuñado, Lucas, quien aceptó la propuesta del cajero automático nada más haber rechazado la que le hizo Federico en el parque, siendo ambas idénticas, de 49 dólares a 1.

Definitivamente, su perro en el juego del «Ultimátum» presentaba un comportamiento más racional que el de muchos humanos, solo lo alejaba del comportamiento predicho por modelo *homo economicus* la palabra *homo.*

Pero las observaciones de Federico seguían fluyendo como el agua, y así se dio cuenta de que, en la relación entre Berni y su suegra, las cosas no funcionaban exactamente de la misma manera.

Cuando iban al pueblo y Rosalinda lo tenía que meter dentro del patio de la casa, lo hacía dándole galletas que tenía guardadas en una caja: le daba la primera, y Berni se la comía impasible, no movía ni un músculo en ninguna dirección; con la segunda, lo mismo; con la tercera, igual, y así galleta tras galleta, hasta que prácticamente se había comido la caja entera y decidía entrar; es como si pensara: «Tú no eres mi dueña; como seas avariciosa con el reparto de las galletas, no entro. Quiero todas para mí, y si no lo consigo, aquí nos quedamos los dos hasta que venga Federico y me lo mande él».

Esta actitud estaba complementada por otra. Así, cuando Berni estaba comiendo, si Rosalinda osaba acercarse a él, este le gruñía de manera amenazante. Estos comportamientos fueron interpretados por Federico como una consecuencia derivada del puesto que Berni tenía asignado a su suegra en su escala jerárquica, en la cual el can se consideraba por encima de ella, y su comportamiento reflejaba su dominio, su superioridad jerárquica como animal gregario que es. Reflexión que le dio que pensar a Federico, pues a lo mejor las propuestas de reparto en el juego del «Ultimátum» emiten una señal de dominio de quien propone sobre quien responde, y por ello quien rechaza las propuestas muy desequilibradas (avaras o egoístas) en el fondo lo que no acepta es el dominio de quien las propone, no siendo por tanto un cierto sentido de justicia o equidad la causa del rechazo (no nos gusta sentirnos dominados; los humanos, al igual que los canes, somos jerárquicos).

¡Y por supuesto! Berni comprendía perfectamente el teorema de K. Arrow, sabía que no hay nada como imponer uno sus preferencias (ser un dictador) para que las decisiones colectivas no incumplan los criterios que se imponen para que sean racionales, coherentes. Así, cuando está jugando en el parque con otros congéneres a correr tras la pelota, él es quien decide cuándo a todos les toca descansar. Para conseguir el consenso, sencillamente coge la pelota con la boca y se tumba junto a ella, ningún otro can osa quitársela. De todas formas, sus parientes cercanos, los lobos, llevan escrito este teorema en su propia genética, y para que su sistema de gobierno no permita tomar decisiones que puedan ser incoherentes y acaben generando conflictos entre los miembros de la manada, es la pareja alfa la que toma las decisiones conjuntas.

En resumidas cuentas, Federico llevaba buscando al *homo economicus* toda su vida, y resulta que posiblemente había encontrado más atisbos del mismo en Berni que en algunos humanos. Pero este resultado era un obstáculo en su camino al Nobel, no se veía, tras recoger el premio en la Sala de Conciertos de Estocolmo, diciendo en su discurso: «Este galardón se lo debo a Berni, él fue quien me puso en la pista de la teoría que me ha traído hasta aquí, la del *canis economicus*».

EN EL HARD KM ARROW CAFÉ

Hay establecimientos que son diferentes al resto, no se sabe muy bien si obedeciendo a una estrategia de *marketing* planificada o sencillamente debido a la personalidad de su dueño. Este era el caso del Hard KM Arrow Café, propiedad del excéntrico millonario Knoxville Mackinley, en última instancia, jefe de Federico. En la puerta de entrada rezaba un curioso cartel donde se podía leer: «Solo se admiten seres racionales que vengan en grupos de tres o más».

Aunque todos nos creemos en mayor o menor medida racionales, por lo cual parecía absurdo ese requisito, al entrar lo corroboraban. Tenías que ordenar según tus preferencias tres colores cualesquiera. Así, si declarabas «rojo > amarillo > verde», te preguntaban:

—Entonces, ¿prefieres el rojo al amarillo, y este al verde?

Tras la respuesta, venía otra pregunta:

—Y entre el rojo y el verde, ¿cuál prefieres?

Si respondías el verde o que eras indiferente entre

uno y otro, allí no entrabas; en cambio, si dabas una respuesta coherente, el rojo en este caso, te planteaban una última y definitiva cuestión. A la lista de colores añadían un cuarto, el azul, por ejemplo, y volvían a pedirte que ordenases tus preferencias cromáticas. Si en la nueva ordenación alterabas la jerarquía entre los tres colores iniciales, como, por ejemplo, «rojo > azul > verde > amarillo», entonces, a tomarte algo a otra parte. Pero, si la respetabas, contestando, pongamos el caso, «rojo > azul > amarillo > verde», podías pasar al local.

Aparte del test de racionalidad como filtro de acceso, había otro detalle curioso. Tal y como aparecía escrito en el cartel de entrada, el acceso solo estaba permitido a grupos de al menos tres personas, pero además debían pedir exactamente lo mismo. Así, si para beber el camarero les ofrecía vino, cerveza y refresco, no podía ser que unos pidiesen cerveza, otros vino y los restantes cocacola, a todos se les serviría lo mismo (y a quien no le gustara que se aguantase).

Por lo demás, nada más de particular, salvo el sablazo que te pegaban cuando pedías la cuenta (satisfacer la vanidad de ser reconocido como miembro del selecto club de los racionales no es gratuito).

Evidentemente, a un local como este tenía que acudir Federico. Y allá se fue a desayunar un sábado por la mañana con su mujer, la madre de esta y su pequeño retoño de poco más de un año. A los tres adultos les hicieron el test de racionalidad, que superaron sin problemas (a los niños no se les sometía a esta prueba de control); eso sí, Rosalinda se encargó de meter su cuña:

—Yo sé de uno que no hubiera pasado el test: el tontaina de las maletas del aeropuerto. Mira que no consigo recordar su cara, pero como un día me acuerde...

Federico se puso rojo, como siempre que salía a colación aquel asunto. Acto seguido, tomaron asiento y cogieron la carta de desayunos. Como bebida caliente tenían tres opciones: café solo, café con leche y té. Federico explicó a su mujer y a la suegra las normas del local, que conllevaban tomar una decisión colectiva, pues la bebida que se decidiese sería la misma para los tres. Ello implicaba ordenar sus preferencias personales para poder agregarlas. Su suegra fue la primera en hacerlo:

—Yo quiero mi cafetito con leche; si no, solo, y en el peor de los casos, la bebida de los ingleses, que todavía no es su hora.

La genética manda, y su hija había heredado los mismos gustos que la madre. En cambio, Federico odiaba la leche, le sentaba fatal; solía tomarse un café solo y, muy raramente, un té.

	Café con leche	Café solo	Té
Rosalinda	1	2	3
Olivia	1	2	3
Federico	3	1	2

Observando esta tabla, era fácil deducir la bebida caliente que habrían de pedir: el café con leche. Si estas preferencias hubiesen sido las utilizadas para votar democráticamente, el café con leche se hubiera llevado dos de los tres votos; el café solo, uno, y el té, ninguno. Además, si comparamos por pares, el café con leche es preferido al solo en dos de los tres miembros del grupo familiar, y a su vez el café solo es preferido al té para todos ellos; por lo tanto, el café con leche también debería ser preferido al té, como así es en dos de los tres.

Café con leche > café solo (Rosalinda y Olivia)
Café solo > té (Rosalinda, Olivia y Federico)
Café con leche > té (Rosalinda y Olivia)

Por lo tanto, las preferencias de la familia en su conjunto se pueden traducir en:

Café con leche > café solo > té

Un orden de preferencia colectivo, en principio coherente con sus preferencias individuales.

Federico fue a la barra a pedir tres cafés con leche, un fastidio para él, pero así eran las normas.

De bebida fría, en la carta había tres productos para elegir: zumo de naranja, de manzana o de piña.

Madre e hija volvieron a coincidir en sus preferencias, lo que más les gustaba era el zumo de piña; luego, el de manzana, y si no había más remedio, el de naranja. Federico iba en parte en sentido contrario: lo que más le gustaba era la naranja, y lo que menos, la manzana, le sentaba incluso peor que la leche.

	Piña	**Manzana**	**Naranja**
Rosalinda	1	2	3
Olivia	1	2	3
Federico	2	3	1

Con esta información en mente, Federico se acercó por segunda vez a la barra y pidió tres zumos de piña. El camarero le dijo que solo quedaban dos; por lo tanto, debía elegir otro sabor. Cuando Federico se presentó en la mesa con tres zumos de naranja, las caras de su mujer y de su suegra reflejaban confusión, ante lo cual Federico se limitó a decir:

—Como no había zumos suficientes de piña, les he pedido de naranja, pues, si hubiéramos votado por el sabor preferido, la piña hubiera tenido dos votos; la naranja, uno, y la manzana, ninguno. Luego, como piña no había, he traído de naranja, el segundo más votado.

Su mujer le dio la razón…, pero la suegra le paró los pies:

—A ver, Federico, que yo sepa, los tres preferimos la piña a la manzana, y dos, la piña a la naranja. Si además tenemos en cuenta que dos preferimos la manzana frente a la naranja, nuestras preferencias agregadas serán: piña > manzana > naranja; piña > manzana (Rosalinda, Olivia y Federico); manzana > naranja (Rosalinda y Olivia); piña > naranja (Rosalinda y Olivia). Por tanto, si no había zumo de piña, tendrías que haber traído de manzana.

Federico llevó los zumos de vuelta a la barra y regresó con los de manzana. Su suegra no había caído en la «trampa del sufragio universal», que, en este caso, conducía a tomar una decisión colectiva poco racional, incoherente.

Solo les quedaba elegir de la carta el alimento sólido que acompañara al líquido.

Había tres opciones: bocadillo de jamón, tostada con mantequilla o un trozo de tarta de manzana. Esta vez, la madre y la hija no coincidieron entre ellas, ni tampoco con Federico.

	Tostada	**Tarta**	**Jamón**
Rosalinda	1	2	3
Olivia	3	1	2
Federico	2	3	1

Evidentemente, Federico todo lo que tenga leche y manzana, cuanto más lejos, mejor. El jamón le tira más y le sienta mejor; de hecho, él creía que un plato todos los días era algo muy bueno para la salud.

Pero hay un problema con las preferencias: por sufragio universal no hay un ganador, y por comparación por pares se tomarían decisiones poco coherentes, así:

Tostada > tarta (para madre e hija)
Tarta > jamón (para suegra y yerno)

Pero la tostada no es preferible al jamón.

O por poner otro ejemplo:

Tarta > jamón (para la pareja de casados)
Jamón > tostada (también para la pareja de casados)

Pero la tarta no es preferible a la tostada.

Por segunda vez en la vida de Federico, la paradoja de Condorcet hacía acto de presencia. En el concurso «Soy el + bruto» en las fiestas de San Homecio, Federico la resolvió de forma satisfactoria incorporando un juicio de valor del alcalde, pero ahora no lo veía tan claro.

Mientras reflexionaba por el asunto, su hijo pequeño se despertó y, mirando fijamente la comida que había en las vitrinas de la barra, dijo:

—Nene tarta.

Federico, como ya conocía las consecuencias que traían este tipo de comentarios, dirigiéndose a su madre y a su suegra dijo:

—No vamos a permitir que el niño decida, ¿no? Si ni tan siquiera es racional todavía. Ya veréis.

Cogió a su hijo en brazos y le preguntó:

—¿Qué le gusta más al nene, el jamón o una tostada?
Y el nene dijo:
—Nene jamón.
Y volvió a preguntarle:
—¿Qué le gusta más al nene, una tostada o la tarta?
Y el nene respondió:
—Nene tostada.
Para terminar con sus preguntas, le formuló la tercera:
—¿Qué le gusta más al nene, el jamón o la tarta?
Y el nene dijo:
—Nene jamón.
El padre quedó sorprendido, pero, viendo que sus respuestas eran coherentes y sus gustos convenientes para él, dijo:
—Pues a lo mejor hay que hacer caso al niño. ¿A que quieres jamón, hijo?
Y este respondió:
—No, nene tarta.
Y a continuación, se puso a llorar y berrear.
Le faltó tiempo a la abuela para sentenciar:
—Si mi nieto quiere tarta, se pide tarta, Federico. ¡Pobrecito mi niño, mira qué berrinche se ha cogido, con qué cara nos mira nuestro angelito!
Como se habrá dado cuenta, el niño dio una respuesta a la paradoja de Condorcet: se hace lo que yo digo y punto.
Total, que el desayuno de Federico fue un café con leche, un zumo de manzana y una porción de tarta de esta fruta. Ni su peor enemigo le hubiera diseñado un menú tan fatídico para él. Pero no se podía quejar, pues en buena medida se había diseñado bajo criterios de racionalidad, aunque ello no asegurase llegar a una

decisión coherente en todos los casos. Pero, como le dijo su suegra:

—No te preocupes, Federico, si volvemos otra vez, te traigo un antiácido, un protector de estómago, un antiinflamatorio, un analgésico y un antihistamínico, que te compraré en la farmacia y pagaré de mi bolsillo, para que te los tomes media hora antes y puedas desayunar sin dolor, al igual que nosotras; total, son cinco pastillitas de nada. Y me gustaría volver; es más, podríamos venir todos los sábados, ¿a que sí, Olivia?

Y para rematar, después de comerse la tarta, el nene dijo:

—Nene más.

Lo que ya le faltaba a Federico, pues sabía con toda certeza que la abuela pediría más.

Nuestro protagonista había sido víctima de lo que podríamos denominar como «crueldad racional», que es el daño colateral ocasionado en algunos individuos por una decisión colectiva cuyo punto de partida son las preferencias individuales, pues estas son eso mismo, personales, y, por lo tanto, en muchos casos llevan asociadas fuertes dosis de egoísmo que tratamos de «compensar» con nuestra disposición a prestar ayuda a quien sufre sus consecuencias, pero no tanto de «eliminar» si ello conllevase la renuncia a ver colmadas nuestras predilecciones. Y así, ¿cree que cambiará Rosalinda sus gustos culinarios por su yerno, o preferirá pagarle los medicamentos si estos no le afectan demasiado a su bolsillo?

Al salir del café se podía leer un cartel que decía:

> Gracias por su visita. Si ha sido capaz de encontrar un método no dictatorial para tomar decisiones colectivas partiendo de las preferencias individuales que sea cohe-

rente en todos los casos, le invitamos a desayunar en Estocolmo, pues acaba de destronar al rey de los teoremas económicos: el de la imposibilidad de Arrow, y posiblemente usted será el próximo Nobel.

Cuando Federico, acompañado de su familia, abandonó el local, evidentemente leyó el cartel. Desde su época de estudiante sabía perfectamente que nadie lo iba a encontrar. El economista americano y nobel K. Arrow mostró y demostró que la racionalidad no es aditiva, y así, la suma de racionalidades individuales no necesariamente asegura una racionalidad colectiva, tal y como dice, *grosso modo,* el teorema que lleva su nombre, cuya relevancia en el campo de la teoría de la elección social se podría considerar el equivalente al teorema de Pitágoras dentro de la geometría euclídea.

No me negará que un grupo de seres calificados como «racionales», incluso en el utópico grado de *homo economicus,* no pueda encontrar un sistema para tomar decisiones conjuntas que también pueda ser calificado de esa manera es la paradoja de las paradojas.

Por cierto, Rosalinda, tras varios fines de semana desayunando en familia en el Hard KM Arrow Café, decidió cancelar la reunión, pero no por evitar el malestar de Federico. Acudió a una vidente junto con dos amigas, simplemente por curiosidad. Cuando leyó las líneas de su mano izquierda, dijo:

—Te veo muy dulce por dentro, cuídate del azúcar.

Al día siguiente, acudió a su médico. Tras realizarle las pruebas correspondientes, no encontró nada anormal. Pero a Rosalinda la evidencia no la convenció y, nada más salir de la consulta, comentó a su hija:

—No me fío de este doctor, es muy joven, mejor hago

caso a la vidente y me quito el dulce por si acaso. Se acabó el desayuno de los sábados, y mira que me gustaba la tarta.

Aunque sea una decisión de ficción aparentemente rocambolesca, en la realidad se toman muchas de este tipo. Para Federico, la vidente lo vino a ver. Fue un alivio la noticia, por muy irracional que fuera su detonante, y es que, en algunos casos, la irracionalidad no se sabe si mata o espanta, aunque no es menos cierto que la racionalidad, en otros, también, como hemos visto a lo largo de las páginas de este libro.

Para terminar

Pero en la vida de Federico, como en la de todos, se cruzó un cisne negro en su camino, esa ave que trae consigo acontecimientos inesperados pero de un gran impacto en nuestra biografía. Así, unos cuantos años después, en una comida con familiares y amigos, tras dar buena cuenta de unos platos de jamón ibérico, media fuente de langostinos a la plancha y un asado, Olivia, con el objetivo de amenizar un poco la sobremesa, puso junto con el café unas galletas de la suerte, de esas que en su interior esconden una tira de papel con un hipotético proverbio chino, por calificarlo de alguna manera.

Para romper el hielo, ella cogió la primera, la rompió, sacó la tira y leyó en voz alta: «A veces una sencilla frase nos toca, llega a lo más profundo y despeja el camino».

Todos se quedaron pensativos, pero nadie dijo nada; en vista de lo cual, Federico cogió la suya, acto replicado por el resto de comensales. Mientras se reían y bromeaban con el contenido de los textos, nuestro protagonista se quedó pensativo, meditando sobre la frase que leyó su mujer y la que le tocó en suerte a él, que, como posteriormente descubriría, no era pensamiento alguno de la cultura asiática, sino una cita de Carl Gustav Jung.

A la primera la consideró premonitoria de la segunda, y las palabras de esta fueron la chispa que encendió la mecha: «Lo que niegas te somete, lo que aceptas te transforma». Esta frase le sirvió de brújula y lo condujo a una reflexión: si, a la hora de tomar decisiones, las individuales pueden contravenir los dictámenes de la lógica, sin dar en algunos casos un peor resultado que el obtenido por acatarlos, y las colectivas, siguiendo las enseñanzas de Arrow, no aseguran que todas ellas estén de acuerdo con las pautas marcadas por la razón, ¿por qué renegar de nuestra condición de seres irracionales cuando decidimos? ¿Por qué no aceptarlo? Y decidió hacerlo.

Pero un hecho tan relevante para él, que posiblemente transformaría parte de su vida, se lo tenía que comunicar a los demás. Se levantó de su silla, tomó la palabra y dijo:

—Tengo que deciros algo importante.

Todos los presentes se quedaron mudos, pues la última vez que Federico protagonizó una escena parecida fue hace años, al finalizar una gala de entrega de premios donde pidió matrimonio a Olivia.

«Quizá esta vez le pedirá el divorcio», pensaron algunos de los presentes. Pero no fue así. Les comunicó la decisión que había tomado gracias a las galletas de la fortuna.

Las reacciones de los comensales fueron diversas. Así, el alcalde de San Homecio, y buen amigo de Federico, que todavía andaba dándole vueltas a cómo poder hacerle un regalo sorpresa, como buen político y por prudencia, no hizo ningún comentario en alto; se limitó a reflexionar: «¿Y habrá tomado esa decisión razonando hacia atrás o hacia delante?».

Por su parte, Ceferino estaba pensando en sus cabras y sencillamente se limitó a decir.

—¡Ojo, Federico! Cambia todo lo que quieras, pero no te hagas del Madrid, ¡ya sabes cómo somos con el blanco en el pueblo!

En cambio, Rosalinda pensó: «Todos estos años fastidiándolo por el asunto de las maletas del aeropuerto, y al final se arrepiente de su irracional racionalidad, qué mala he sido... ¡Pero qué bien me lo he pasado!».

Su hijo más pequeño, que ya rozaba la edad tonta, preguntó:

—Entonces, ¿ya me vais a comprar zapatillas y vaqueros de marca?

Pero, antes de oír la respuesta, su hermano dijo:

—Pero, si los vaqueros del supermercado y los de marca se confeccionan con el mismo tejido y en los mismos países, solo se diferencian en la etiqueta y el precio, ¿porque pagar más por un producto similar? Ese no es el comportamiento de un consumidor inteligente que compra de forma eficiente. Mira que eres tonto.

Tras este comentario, Manolo, su abuelo, ya jubilado del banco, murmuró:

—Este ha salido a su padre.

Berni, el cachorro regalo de Olivia, que cuenta ya una muy avanzada edad, no habló; evidentemente, nunca lo había hecho, era un perro muy prudente en los asuntos familiares, pero con su mirada parecía pensar: «Con lo feliz que soy con Federico tal como es, me trata como lo que soy, un perro san bernardo. Solo falta que ahora intente ponerme un traje para el frío...».

Lucas se preocupó por lo escuchado en boca de su cuñado, no sea que fuera un efecto secundario de las pastillas contra la alergia. A lo mejor, con el sol y al mezclarlas con un poco de cerveza...

El último de los comensales allí presentes, su mujer, Olivia, inspiró profundamente y expiró lentamente el aire; tras lo cual, se limitó a pronunciar una frase indicativa de un gran alivio interior:

—¡Menos mal que por fin se ha dado cuenta!

En conclusión, Federico había encontrado aquello que más lo separaba de Berni, y, en general, al ser humano del resto de las especies animales: la propia consciencia de su irracionalidad. Es más, paradójicamente, esta aceptación posiblemente sea una de las mayores fuentes de racionalidad para el ser humano. Y tal como hemos visto a través de las aventuras, venturas y desventuras acaecidas a nuestro protagonista, ni la racionalidad conduce siempre al cielo ni la irracionalidad nos condena irremediablemente al infierno. De hecho, cuando a la hora de tomar una decisión ponemos la razón contra las cuerdas, admitir esta realidad le permite salir de ellas.

En definitiva, cuando utilicemos la lógica a la hora de tomar una decisión, debemos hacerlo en su justa medida, y determinarla en cada caso es la clave, por eso decidir es un arte. Solo espero que este libro nos haya servido para ser mejores artistas.

Ángel Hernández